命理生活新智慧・叢書　24-1

如何選取喜用神

《上冊》

《修訂版》

金星出版社 http://www.venusco555.com
E-mail: venusco555@163.com
venusco@pchome.com.tw
法 雲 居 士 http://www.fayin777.com
E-mail: fayin777@163.com
fatevenus@yahoo.com.tw

法雲居士⊙著

金星出版

國家圖書館出版品預行編目資料

如何選取喜用神《上》《全新修訂版》／
法雲居士著， --臺北市：
金星出版：紅螞蟻總經銷，
2009年12月一版修訂； 冊 ；公分—
（命理生活新智慧叢書；24-1）

ISBN 978-986-6441-11-0 上冊（平裝）

1.命書 2.生辰八字

293.1 98022163

如何選取喜用神《上》《全新修訂版》

作　　者：法雲居士
發 行 人：袁光明
社　　長：袁光明
編　　輯：王璟琪
總 經 理：袁玉成
地　　址：台北市南京東路三段201號3樓
電　　話：886-2-25630620，886-2-23626655
傳　　真：886-23652425
郵政劃撥：18912942金星出版社帳戶
總 經 銷：紅螞蟻圖書有限公司
地　　址：台北市內湖區舊宗路二段121巷19號
電　　話：(02)27953656(代表號)
網　　址：http://www.venusco555.com
E-mail：venusco555@163.com
venusco@pchome.com.tw
法雲居士網址：http://www.fayin777.com
E-mail：fayin777@163.com
fatevenus@yahoo.com.tw

版　　次：2011年2月　修訂一版　2021年03月加印
登 記 證：行政院新聞局局版北市業字第653號
法律顧問：郭啟疆律師
定　　價：420元

行政院新聞局局版北字業字第 653 號

ISBN：978-986-6441-11-0（平裝）

序

在命理上，『喜用神』是我們常常用到方法之一，它是以五行生剋的方式，探究對於人在宇宙間生存最有利的條件為主要的重點目標。『喜用神』原出自『八字』中之『六神』，然而各種命理如七政四餘、五星命理以及奇門遁甲等佈局成格的方式，都是利用生剋的原理來應用發展的。但是在五行生剋的原理中，木旺於春，火旺於夏，金旺於秋，水旺於冬，這種旺相休囚的觀念，仍是出自命理上的基本觀念。

『喜用神』既然是我們在宇宙生存空間最有利的環境。相對的，不好環境方位就是『忌神』之方位了。在奇門遁甲中，稱喜用神、用神之位為『生門』、『景門』之位。而『忌神』之位為『死門』之位，這種生、死的對比，真是非常的傳神！因此也可證明『喜用神』之用法是在各種命理學說中皆為通行可用之法了。

一九九八年七月份，發生了高雄市議員林滴娟在大陸遇害的事件。

我很訝異的是：喜愛算命的台灣同胞，竟然對自己的喜用神、忌神方位，如此的矇懂無知，以至於一腳踏入『死門』的位置而萬劫不復。

雖然我們無法得知林小姐確切的生辰八字，但是從報紙上得知，她是年34歲，應是甲辰年生人。其人又在高雄發跡，當選高雄市議員，登上主貴的位置。可見其人命中喜木火助旺（高雄在南方），林小姐本身瘦瘦的屬木型人，此更為驗證。因此林小姐的喜用神應為木火通明之格。

申、子、辰年生之人，最忌見水，因此水為『忌神』。而北方對其最為不利。北方亦可稱為其『死門』的位置。

從『用神』的角度來看不利於林小姐的問題如下：

一、本名中林滴娟的『滴』字帶水，本命中犯水的人，不適合再有水多的名字，否則會有一生運蹇，辛苦勞碌的狀況。

二、一九九八年為戊寅年，屬土，土剋水，此年容易犯水，凡命中水多之人，皆不宜北方行走。尤其不可前往屬水的城市，就像『海城』等地。

三、其男友的姓名中多帶『金』，金生水，故使其人更不利，會有拖累趨災之嫌。不但婚姻如此，交友狀況中之『金型人』，命中屬金之人，皆對用神為木火之人，造成刑剋，無利反受其害。其男友又開設『青海貿易公司』，由此可見此人為忌神當道，理當避之危恐不及。但是人在弱運的時候，常在思想上產生混沌，無法明辨災禍，以至於踏入陷井，落入『死門』之位。

近來有許多台商在大陸從商遇害，有些人當然是年運逢殺忌之星、而遭外來的奪財、劫財。但喜用神、忌神的根本問題，卻是不容忽視的，也許自以為是財方方位的地方，根本就是忌神之位，無喜反有禍。因此是不是應該到該地投資，這完全該取決於『喜用神』方位。

『喜用神』的用途非常廣，不但可找出求財、求富貴的方位。在姻緣、婚姻上，男女『喜用神』相生旺的人，也會一生幸福美滿。相剋忌的人，感情不順，相互拖累招災。在年運上，喜用神也幫助我們升官順利，發財致富。利用喜用神的優點，增進有利於自己的優勢條件。躲避『忌神』方位帶給我們的災禍和不順。

如何選取喜用神

『喜用神』之重要，就像一把鑰匙，可以開啟人的命運。

在人一輩子的生命中，有喜、有悲、有順境、有逆境、有高昂。在運氣下墜的時候，就是忌神猖獗的時候。

在人的命運中有時候會成功，有時候會失敗，有時候太過於激進，有時候又衝力不足，病容枯槁。這時候我們需要一股力量來幫助我們，在成功的時候能助旺運氣，使成功持續長久。在失敗的時候，能伸出援手，拉扶我們一下。在我們太過於激進時，抑制控制一下我們的情緒，不要走進災禍的坑陷，樂極生悲。在衝力不足、怠惰、病衰、即將夭亡的時候能解救我們。這麼一股偉大的神力，我們就稱之為『用神』。可用之神力。這也是我們熱切盼望，欣喜若狂，所要得到的一股神力，故也稱之為『喜神』。

什麼是『忌神』呢？

『忌神』當然是危害我們的好運，在我們失敗時落井下石，不幫助，反而助紂為虐。幫助惡神剋害我們的生命、財產以及好運道的一股力量。它是和『喜神』、『用神』做敵對狀態存在的一股力量。我

如何選取喜用神

們非常不喜歡它、痛恨它，都又怕它，因此稱它的『忌神』。

『喜神』、『用神』對我們有利，會幫助我們衝向成功的高峰，我們喜歡接近它。能即早知道『喜用神』在那裡的人，便能趨吉避凶，步步高陞，富貴榮華，安享一生。不知道的人，便矇懂一生，起起伏伏，任憑命運的擺弄。有時運氣不好，誤入『忌神』的境地，輕則破財，運蹇、傷災。重則災重死亡。人的一生要賺取多少財富啊！要享受多少感情與知識的美事啊！豈能以小小的錯誤，不明方向，而損失了成功的機會與財富的獲得與享用，以及蓬勃的生命和人間美事呢？

因此，『喜用神』根本就是我們生命裡最重要、最不能或缺的保護神！我們豈能不認識它？再則我們更要知道與我們敵對的敵人到底是誰？那就是『忌神』。通常在我們得知『喜神』、『用神』之後，『忌神』就自然明朗了，它就是和喜神、用神相反的目標方向即是。

一般『喜用神』的取法，是出自八字，以五行生剋得用為要。也可以說『喜用神』的取用法根本就是八字精髓。既然是五行生剋的原理，很多命理派別也都用得著，只是不用『八字』特別的用語而已，也不談『八格取法』。只專論五行相生相剋的玄機。因此我覺得命理學、祿命學所談的，重視的既然都是五行生剋的問題，何不專選出來供大家合用參考。

這本『如何選用喜用神』一書，為體諒初學命理的讀者，是故，還是從頭說起，以便有始有終，好讓讀者能一氣呵成的明瞭『喜用神』的選取用法，以便正確的選出『喜用神』。

最後祝各位讀友，順利找出自己的幸運指標——喜用神，從此一帆風順，幸福圓滿。

法雲居士　山居謹識

命理生活叢書24-1《全新修訂版》

如何選取喜用神

序

目錄

如何選取喜用神(中冊)目錄

如何選取喜用神(下冊)目錄

前言

『喜用神』是人類生活在地球上，『磁場』方向的代名詞。主宰了人的生、老、病、死。也主宰人一生的福、祿、壽、官的運程。縱使算了再多的命，也只有『喜用神』使你發達趨吉。

前言

這部『如何選取喜用神』的書，在我從事命理著作中，是第三十本的著作。這對我自己而言，具有某種特別的意義。同樣的，對於愛護我的讀者們，與喜歡探求命理知識的同好們，我相信這本書也會具有特殊的意義。

『喜用神』是人類命理中至精至微的瑰寶。每一個人去算命、論命，都應該清楚的瞭解自己『喜用神』的喜忌、方位，及大運行使的方式是順行或逆行？知道了這些，一生的吉凶禍福便自然清楚的展現在眼前。但是奇怪的是，現在有許多人去算命，算命師都不曾告訴他『喜用神』是什麼？喜忌的方位又是什麼？算命若只談印證以前的事情，或是以瞭解人的個性想法，來判斷吉凶為什麼發生，這只是算了一半的命。

算命就是要知道未來即將發生的事情，以及謀求解決之道。倘若不知道喜用神及忌神的內含，就算對未來做出預測，其結果也會不準確，或有所疏漏。

某一些命理師把喜用神、喜忌方位當做深不可測的秘密，只講其一，不講其二。只告訴你什麼年份會有刑剋災禍、運不好，那些年份是好的，卻不告訴你為什麼。以喜用神的學問知識當做專業機密。

另一些命理師則認為『喜用神』是源自於八字，而自己所用之論命方式不同，例如以九宮論命、紫微斗數論命、奇門遁甲論命或是以五星論命的人，皆不願談『喜用神』。都是以本派為重，不會去宣揚別派的好處。這種以命理派別來排斥『喜用神』的情況也時而有之。當然，更有一些以神靈做媒介的命理師是根本不知道『喜用神』的存在，而無法告訴你了。

在序裡，我已談到了『喜用神』是：在宇宙裡有很大的磁場。地球也形成一個小磁場，而人生活在地球上受磁場的影響，何者是最有利於人生存、生活的最好條件呢？那就是『喜用神』所代表的最好、最有利的條件了。

大家都知道，地球在自轉過程裡，通過北極、地心、南極，有一個轉軸，也稱為地軸，這也是地球磁場的核心地帶。而地球呈傾斜狀態，地軸與地球軌道面呈23度26分的傾斜。每一個人在作息中，睡覺、工作、生活，都與地軸產生息息相關的概況。這就是『喜用神』之所以產生的情況。

如何選取喜用神

例如，有些人必須睡覺時頭朝北、腳朝南，這樣才會神清氣爽、精神旺盛，辦公桌的方向，也要面朝北方，才會進財、事業順利。而某些人卻必須反過來，睡覺時要頭朝南、腳朝北，辦公桌要面向南方才會進財吉利。當然，有些人必須朝東，有些人必須朝西。這些人與地軸之間，因磁場作用的關係而產生繁複變化的關係，也就是『喜用神』真正的內含。

通常我們稱一個人內在的精神為『元神』。喜神和用神，也就是人真正好的精神所在。不好的稱之為『忌神』。喜神和用神，合起來稱為『喜用神』。

現今，許多人要看風水、陽宅。要升官的人，做大事的人，要看辦公室風水與辦公桌的方位，這些都是以『喜用神』所做的一些方位學的

如何選取喜用神

關鍵主題。人死後要看陰宅風水，看看能不能在死後保祐後世子孫主貴主富，這時也要用『喜用神』的喜忌方位做一個定奪。你看！人不但在生的時候必須用到『喜用神』，死後更不可少了它，是不是世世代代都活在『喜用神』的哲理之下，『喜用神』怎會不重要呢？

在古代，先哲們便已發現了地球上的自然現象中磁場的運作過程，也發現了磁場有循環的現象，當時他們將之稱為『氣』。因為他們感受到的就是風、雲的流動、水的流動，並且知道主使這些流動的便是氣的作用。因此而有五行之說。現在科學進步，科學界已可看到粒子、質子的存在，以及用太空望遠鏡觀察到宇宙間磁場的運作，黑洞的形成。當然，對關於有利於人類生存的人文科學，也不應忽視。因此『喜用神』在現今的科學裡是更形重要的。

在這部『如何選取喜用神』的書裡面，我下了一些功夫，做出一些主題設計。在這本書中，我不但搜集了一些古代名人的命格，並做出『用神』解說。也同時放入了一些當代名人的命格，並做『用神』解釋。

並且，我把每一種日主（日元、出生的日子）都做有二個以上的範例，以便供給讀者參考之用。讓你瞭解什麼樣的命格是好的，什麼樣的命局不好。好在那裡？命局不好，有時是行運不佳，與生年是陰年、陽年有關。

另外，我也設計了一些範例是尚未到來的時間範例，這個用意是讓一些讀者可以運用在幫子女找一個好生辰之用的。富貴榮華的生活人人都喜歡，天地間的好時辰實在也非常多，知道運用它的人，便會有福享用。不知道運用它的人，便只好生活在茫然困苦之中。

因此，這部『如何選取喜用神』的書，整括的說起來，不但是教會你如何為自己選取喜用神。為自己增運、助運，找到自己生財、助財、升官、發達的主要捷徑。同時也具有了類似字典的作用。

在這部書中，不但有許多好命格可以查察利用，為子女找一個好命格、好生辰八字。並且也對於許多主貴主富的格局與命格，做出詳盡的解釋。讓你瞭解，命局必須成格，人才會有成就。而這些成格的格局分散在許多古書之中，解釋也很散漫、古澀難懂。現在我把它集合起來，重新以現代的語言詮釋它，讓讀者可以一一掌握。並且在你看得懂『喜

如何選取喜用神

用神』之後，當你在別人的辦公室內看到一幅瀑布的山水畫，或是在營業場所或家中都置有大型魚缸，你便會清楚的知道，這位主人的喜用神是以『金水』為主。而當你看到別人家中或營業場所都佈置成紅色為主的色調，便知道此主人的喜用神是以『火』為主的。某些商家的招牌會用綠色，那是因為商家老板的喜用神是以『木』為主的。有些人一定會住白色或玻璃帷幕的大樓，開白色的汽車，這是以『金』為用神的人。更有些人喜歡用黑色物品，或黑色建築，又屬北方或面向北方的，這是以『水』為用神的人。知道了這些知識也利於你選擇與自己用神相合的朋友與購物消費的場所。與自己用神相合、相生的都會成為對彼此有幫助的好朋友。反之不相合的、相剋的，則有彼此不利、多遭朋友責難、剋害的情況發生。在序裡提到林滴娟之例即是如此。

到與自己用神相合的商店購物及消費，會得到商家親切熱誠的服務。反之，為不相合的，便會買到既貴、又沒有保障、服務欠佳的商品。並且不相合的，便是忌神之位，有時更是死門之位，很可能在這種店中遇難。譬如說一些平生不上KTV的人，但是第一次去KTV就遇到大火傷亡，便是忌神做怪，走入死門之位之故。

在這部書中，我大概製作與搜集了近兩千個命格。這在世間整個命理格局組合的概率二億七佰三十六萬個命格組合中，是二十萬分之一的選用率，當然是仍有不足的。

命格八字的組合概率是如此計算的：天干有十個，甲、乙、丙、丁、戊、己、庚、辛、壬、癸。分別在四柱排列出現的機會為10的4次方。而地支有十二個，子、丑、寅、卯、辰、巳、午、未、申、酉、戌、亥。分別在四柱交互出現的機會為12的4次方。

如何選取喜用神

命格八字的組合，也和文字運用有相同之理。中國文字大致有三萬多字，但真正經常使用的只有六、七千字。有許多的命格組合也一樣，經常出現的也不過數千種之多。倘若你在書中並沒有查到與你一模一樣的命格八字。你可以利用出生月份及日主，來觀看當月之中最需要的五行類別是什麼，以此方法來選用合於自己所用的『喜用神』。

如何選取喜用神

例如日主為木火（甲木、乙木或丙火、丁火）生於夏季五月（午月），便需要水來滋潤解渴。並且要水有發源，用庚金生水，才能真正達到解渴滋潤的功能。而水就是必需之物，水就是用神。金就是喜神了。

另外，我要談到的是：選取喜用神，完全是利用大自然間現象來做解說的。必須瞭解春夏秋冬寒暑的變化。如果日主是屬甲木、乙木的人，最好懂得培植花木的技巧，瞭解木性，會對選取自己『喜用神』有很深的體會。如果是日主丙火的人，最好常做戶外活動，與四季的陽光多接觸，對自己選取『喜用神』有益。如果是日主丁火的人，最好有秉燭夜讀與交遊烤肉、寒冬烤火的雅興，會對自己選取喜用神有深切的體會。

此外，日主屬土的人，也最好懂田作耕植、土性。日主屬金的人，最好在學生時代，物理化學的成績較好，並且懂得金屬的特性。日主屬水的人，最好親近湖海、魚釣、游泳，對水性冷暖自知。這些相關的知識學問，有助於你在為自己選『喜用神』的時候的最大後援力量。

在命理格局中，八字命局成木局的人，主仁壽。命局火象成格的人，一人獨權。命局土象成格的人，敦厚主富。命局中金象成格的人，身強煞淺，假煞為權，主掌權威，也會自有一番作為。命格中水象成格的人，主富貴。

如何選取喜用神

『喜用神』與紫微斗數之間的關係

有許多朋友和讀者常問我：『從你的書中，我們都知道『喜用神』這個名詞和用處了。但是『喜用神』是屬於八字的精髓，到底它和紫微斗數之間有沒有關連性呢？又為什麼你會常提到『喜用神』呢？

對於這個問題，我有以下的回答：

『喜用神』原起於八字。找尋『喜用神』之方法，也用子平之法。在子平八字論命中，找尋『喜用神』就是最重要的工作。因此稱『喜用神』為子平八字論命的精髓是一點也不錯的。

自古以來，最早有星命之學，起自於張果以五星論命。唐代李虛中以五星之術而加以改革，去掉星盤而專用年、月、日、時來算命，並且以年為主，來推算祿命。其中格局名稱、神煞術語都沿自於五星，並且兼論五行，這是古代推論命法的起始情形。

等到五代時徐子平改革以五星論命的方法，以五行生剋為根據，以日為主，從氣化來立論，這是命理的又一次改革。

著作『紫微斗數』的陳希夷先生，原名陳摶，大致和徐子平同時代出現，生於五代卒於宋太宗時代。希夷先生創『紫微斗數』，是命理學上又一次改革。這個改革和子平八字論命法，以平行的姿態，流傳下來。

現在我們以『果老星宗』中五星之學的星盤和『紫微斗數』的星盤做比較。五星星盤以類似圓形有十二個角的圓盤。紫微斗數的星盤，後代雖以方形似斗的形狀出現，但在民間仍有人以和五星星盤一樣，用十二角的圓盤來做命盤顯示。其例如左：

五星星盤

紫微斗數命盤

巳	午	未	申
辰			酉
卯			戌
寅	丑	子	亥

十二角形斗數命盤

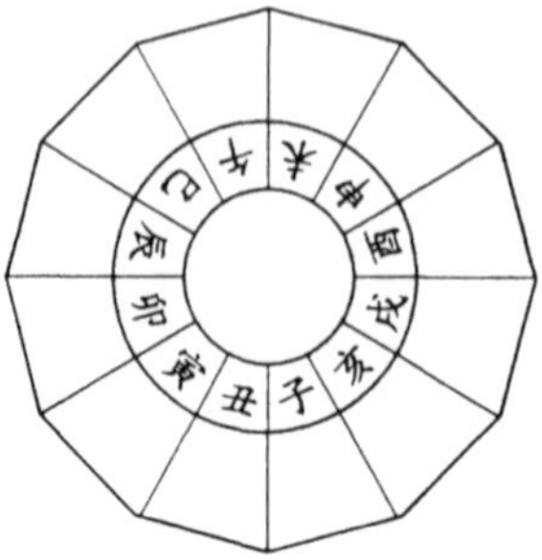

如何選取喜用神

其次，在紫微斗數與子平八字中的許多格局名稱與神煞起例與名稱都和五星之學中的相同，例如君臣慶會、紫府朝垣、馬頭帶箭等格局等名稱。又如天乙貴人、玉堂貴人、陽刃、祿神、三台、八座、白虎、天德、破碎等等不勝枚舉，這些格局與神煞都源自於五星。因此紫微斗數與子平八字在格局與神煞方面都有許多相同的名詞。

第三、喜用神也是五星之學中最先用到的名詞與五行喜忌觀察的用語。

現代製作萬年曆的人，也必須精通五星之學，才能有能力製作曆書。

喜用神雖為子平八字專題討論之精髓。但在紫微斗數的命盤中，喜用神也會展現出來，只是一般人沒有發現，與不瞭解之故。倘若你仔細觀看自己的命盤，就會發現命盤中最吉祥、好運的宮位，其宮位干支恰恰好就屬自己的喜用神干支。這是一點也不假的事。因此紫微斗數雖並無特別指出喜用神的喜用。也並不特別顯示出這個名詞，但都包括在命盤之中。只要你細心去察看，便可一目瞭然。因此喜用神和紫微斗數之間的關係，是相互為用，包含在其中的。現在我把『喜用神』挑出來談，主要是更直接了當的幫助讀者尋找到利於自己的方位、運程、顏色。同時也幫助讀者找到自己磁場運作的方式。使每一個人能多生財、生運、生官、發福。這也就是我寫這部『如何選取喜用神』的真正目的了。

第一章

喜用神是什麼？——對我們有什麼用處？

喜用神是一種利於我們的磁場方位。可中和我們八字中的缺點，彌補八字中所欠缺五行的不足。並且對每個人來說，至少有七大助益。

簡易實用靈卦、易學

法雲居士⊙著

卜卦是一個概率問題，也十分科學的，當人
在對某一件事情執著的時候，又想預知後果，
因此就須要用卜卦來一探究竟。
任何事物都無法脫離時間和空間而存在。
紫微和八字的算運氣法則，是先有時間
再算空間，看是在什麼樣的時間點走到
什麼樣的空間去！
卜卦多半是一時興起而卜卦的，
因此大多數的時間和空間都是未知數，
再加上物質運動的變化，隨機而動的卜卦
才會更靈驗！
卜卦必須要懂得易經六十四卦的內容與代表意義。
法雲老師用簡單易懂的方法教你手卦、米卦、金錢卦、梅花易
數的算法，讓你翻翻書就立刻知道想要知道的結果！

第一章　何謂喜用神？
——對我們有什麼用處？

第一節　何謂喜用神？

當人出生的時候，就會在宇宙中出現一個標記，通常我們人類是用時間的刻度『年、月、日、時』去紀錄它。這就是我們俗稱的『八字』。同時這個紀錄也是展現出其人出生時，太陽、月亮與星辰之間相互角度的關係。

每一個人生辰的時間不一樣，與日月星辰所形成的角度也不同，因此也會與地球上的四季、時間、氣候的冷暖，生存上的條件，形成刑、剋、沖、害或者是相生、相容等的問題。

倘若這個人出生的時間是和周圍環境，以及其生存條件是相生、相合的，我們就稱他為『喜神得用』。這個人一生會非常順利，圓滿福長。

如何選取喜用神

倘若這個人出生的時間與其周圍環境及其生存條件有刑剋、沖害、不合的情形，我們就要為他找出最有利於他的環境和生存條件。而這個最有利的環境和生存條件，在命理上統稱為『喜神』和『用神』。二者合起來，簡稱『喜用神』。

例如日主屬木的人，生在春天，雖是木旺之時，但春天也分三個時期。在立春後至雨水（節氣）前為初春。在雨水之後到穀雨之前為仲春。穀雨後到立夏前為季春。在這三個時期裡，天氣對於日主屬木的人，也有不同的影響。

生於初春屬木的人，就像樹木一樣，因春月餘寒猶存，需要有火的溫暖，才能繁茂發芽，漸至榮暢。倘若此時八字中多水的話，則因濕重而損害木的根莖，使枝葉枯萎，因此大多以『丙火』為用神。喜得『丙火』來溫暖它，故『丙火』亦為『喜神』。

生於仲春屬木的人，因仲春時木已長得旺壯。需要的水份較多，但也需要火氣相助，溫暖的氣候，使它生長得更快。因此『丙火』、『丁火』都可以做『用神』。而此時更需要有一點水份的灌溉，才可花繁葉茂長得好。因此『癸水』也是必備的『用神』之一。

生於季春屬木的人，因季春已近初夏，天氣較熱，樹木已長成大樹，我們稱其『火旺木老』。此時是木氣將盡，土氣較旺的時令。要以濕土培養根莖，才能發展濃蔭密葉（此言富及貴）。此時也是收成的時候，必須用利斧砍伐它，把它做成棟樑之材。利斧為庚金。戊土當旺。『庚金』與『戊土』即為『用神』，會有大富貴之命了。

如何選取喜用神

由以上可知，天氣的變化和我們生存空間裡的空氣、含水量、溫暖度、潮濕度、方向、樹木生長的狀況，都是息息相關。將來我們還談到庚金、辛金（地球上的金屬類）、戊土、己土（地球上的土質）、癸水、壬水（地球上的水質）、丙火、丁火（太陽照耀的強烈度）。這些種種都是會對我們人類造成極大影響，而變化我們一生運氣的因素，要怎樣去改變原始的天然不利我們生存因素而成為使我們生活舒適，得到大利益的因素，這就是要選取『喜用神』的目的了。

第二節　喜用神對我們有什麼用處

『喜用神』最重要的任務就是要補足我們先天環境條件的不足。在命理上，有時候我們必需調節氣候，使其生長順利，有時候要調節五行，去除多餘、滯礙牽絆的雜氣，利用五行相生、相剋的原理來調節本命中缺少的金、木、水、火、土的部份，或過多的金、木、水、火、土的部份。以達到幫助我們生長順利，富貴享福的人生境界。

『喜用神』的用處有很多，如：

1. 在方位上，可以找到我們的『財方』，利於我們求財。

在我們求財的時候是必須擁有好運氣，和必須付出勞力去獲取的。每一個人都有自己的財方。這個財方就是你最能找到好運氣得財的方向、方位。同時也是在付出勞力求財時，最能把體力用到恰到好處的方位。因此這是一個對於你個人的生存環境的條件十分優厚、美滿的環境，也是最有利於你的環境。

如何選取喜用神

2. 在生死大限上，『喜用神』可以幫助我們趨吉避凶。

在人的一生中，命運的曲線是高低起落的，很像是股票漲跌的趨勢圖。有時候，並不一定是運氣很壞，但是在運氣並不十分穩定時，又走到忌神的方位的話，也很容易遇災身亡。可是人若能有先見之明，知道自己的『喜用神』及『忌神』方位，而又能確切的掌握住弱運的時間，便能平安的渡過而趨吉避凶了。

最明顯的例子便是歌星鄧麗君的例子了。其人命格需水忌火，她卻又在午月至泰國（此地為南方屬離火），故氣喘病發時，無貴人相救，南方即為其『忌神』、『死門』之位。不該死而死了！

有一些赴大陸投資的台商在大陸投資失敗或遭劫殺的狀況也是一樣的。某些人的命格中本命多水，需木火取暖生貴生財，但赴北方金水之地，故不順。再遇年運不好，有劫煞之星入限運，遭殺害的狀況是顯而易見的。更有某些人是限運不強，但是走入『忌神方位』，無貴人扶助，而遇災難。因此這些人會容易遇煞而香消玉殞，實在是至為可惜！

3. 在人的性格上，『喜用神』可以幫助我們圓潤融通

一般人在做人處事時，常會受情緒的影響。通常我們在運氣好的時候比較聰明。在有挫折時，很快的便能想出解決的辦法和找到貴人來幫忙解決。而在運氣不好的時候，遇到困難，常會固執己見，不肯圓通。並且往往在最艱難的時候還不肯向外求援。或是根本找不到真正的貴人相助。某些死硬派的頑固者更以『求死』來終結問題。如此我們便很明顯的看出，前者便是『喜用神得用』的人，他們會越過無數的困難，一步步的邁向成功的大道。而後者便是處在『忌神當道』的位置，無法突破障礙而找到生路和出路。

在命理上，本命中（八字中）金多的人，如日主為庚金、辛金，而四柱也多見庚、辛之類的天干，或地支中有申、酉、戌、己、丑地支含用多金的人，例如日主庚金，生在七、八、九月的人，容易出現性格固執、堅強、人緣欠佳、較剛強的作風，必須有火或木來剋金，再加水的滋潤洗滌，必能成大器，且能和家人、朋友、長上的關係相處較融洽。

本命中多木的人，例如日主是甲木、乙木，生在一、二月份的人。

如何選取喜用神

性格多木訥憨直，不善表達，行動緩慢，思想會怠滯。就需要有『金』來剋制鍛鍊，再用火來助旺，其人命格中會形成『木火通明』之格，可有富貴之格局。

本命中多水的人，如日主是壬水、癸水，生在十、十一、十二月份的人，就必須有土來剋制它，再有丙火來溫暖它。水多本為財，水太多，如汪洋大海，又加上寒冷的水，便只有貧困的格局了。故要用丙火暖其根基，萬物才能繁衍。命理以中和為要，五行要素任何一樣太多，都是有害的。本命中水多的人，身體有毛病，縱使財多，也是富屋窮人，並且其人的性格懦弱、不實在，難以成大器，故需要剋制增強來補足它的缺點。

本命中多火的人，如日主是丙火、丁火，又生在夏季，四、五、六月的人，是性格急躁、衝動，做事較不經過大腦的人。就需要以水來澆息一點他的怒火，用木或土來生旺它，其人必能成大器。

本命中多土的人，如日主是戊土或己土，又生在春、夏、秋、冬每一季節相交替的時刻，如辰、戌、丑、未月的人。其人的性格較內斂、穩重，但土多被埋，運氣多不順，才華也被埋沒，學習能力、競爭能力都較差，很難有機會發展，是故要用木來疏通它，用水洩金，使其土質鬆軟適度，利於培養植物。因此木、水就成了其『用神』。如此也能改善其沈悶的個性，在事業或生活上有好的表現。

4. 在大運或在年運上，『喜用神』可以助我們一臂之力，得財升官，富貴同高。

『喜用神』在我們年運的幫助是很大的。『喜用神』更可找出我們大運的方向。

例如在找出『喜用神』之後，本命中需金水助旺的人，大運與年干支屬『金水』之年，運氣特佳，有財運、官運，萬事順利上揚之運氣。尤其在『庚子、辛丑、壬申』年為大運年限，此年會發大運，大運方向在西北方。

如何選取喜用神

5. 『喜用神』更可以在『偏財運』的大運年限和方向上指點我們的迷津。

如上述本命中需金水為用神的人，而又在本命中有暴發格的話，必會在『庚子、辛丑、壬申』年爆發偏財運，形成一生中最大的一次爆發運。此運不但能多得錢財，亦是升官、增名聲的大好時機。

6. 『喜用神』利用在風水陽宅上，也可使你居家平安納福，事業蒸蒸日上，錢財源源滾進，官運步步亨通。

『喜用神』雖然是彌補和平衡你命理結構不足或過多的部份。『喜用神』實則也是人類吉運磁場最敏銳的超能力、能源。

本命中『喜用神』為金水的人，需住門向西北方的房子。書桌坐椅面向西北方。會有財運增旺，萬事順利之吉象。

本命中『喜用神』為木火的人，需住門向東南方的房子。書桌坐椅面向東南方，財運、官運則步步趨吉，向財向貴。

不但如此，在你睡覺時，頭的方向朝向『喜用神』的方位，也會使你頭腦清晰，更加聰慧敏捷，這主要是因為喜用神的方向，實則是你身體磁場與地球、宇宙中的磁場真正相合的方向。

7. 『喜用神』在風水陰宅上，也佔有很重要的地位。

通常命理師在選用墓地和下葬的時間時，也會以其人的生辰八字的喜忌做為一個指標來選取陰宅。這個生辰八字的喜忌，便是『喜用神』和『忌神』了。『喜神得用』選得好風水、好穴位的人，便能蔭佑後人，使其家業興旺。選不對的人，無法蔭佑後人，家業凋零的狀況很快就會出現。

喜用神既然有這麼多的用處，又在我們命理上具有根本的重要性，實則是每一個人都必須弄清楚的事情。

第二章

找出『喜用神』的第一步——先排八字

八字是一個人出生時間的宇宙坐標。有了八字，人才有命。有了八字，人一切的生、老、病、死。以及富貴吉凶盡在其中矣！

第二章　八字的排定

所謂『八字』，就是將我們的生辰年、月、日、時，換算成陰曆的天干、地支的方法。年、月、日、時各有一天干、一地支，合起來有八個字，故稱之為『八字』。

例如一九九八年四月十日午時生的人，換算陰曆，為戊寅年3月14日午時。其『八字』為：

戊寅——（年）
丙辰——（月）
丁亥——（日）
丙午——（時）

其中橫向第一排的字，由右到左如戊、丙、丁、丙都是天干。橫向第二排的字，由右到左，如寅、辰、亥、午是地支。通常都以年的干支放在最右邊的位置，而以月的干支放在右邊數來第二的位置。以日的干支放在右邊數來第三的位置。以時的干支放在最左邊的位置。這是固定的排法，不可以隨便變動。也因此所有的人，看到這個『八字』便一目瞭然知道此人是出生於何年、何月、何日、何時了。

◎八字的取得可以查萬年曆。此法較快捷。今人多用此法。

排「年干支」必須注意的問題

在命理上，排年干支必須以立春為標準，有下列情況必須注意！

㈠在本年立春後出生的人，是以本年之年干支為年柱干支。

㈡在本年立春前出生的人，是以前一年之年干支為年柱干支。

㈢在本年十二月出生，但是在立春之後出生的人，則是算下一年的干支為年柱干支。

◎這主要是因為陰曆中立春這個節令與國曆曆法中的月份不一致，有時會在一年的年尾，有時又會在一年的年初。

例如一九七二年（民國六十一年）的立春，是國曆二月五日，陰曆則在辛亥年、辛丑月二十一日丑時，因此陰曆是辛丑月二十一日丑時以前出生的人，其年柱干支仍是辛亥年。而辛丑月二十一日丑時以後出生的人，其年柱干支則為壬子年了。

如何選取喜用神

月份的推演

十二個月份月建與節氣

正月月支「寅」——由立春（節）至雨水（氣）。
二月月支「卯」——由驚蟄（節）至春分（氣）。
三月月支「辰」——由清明（節）至穀雨（氣）。
四月月支「巳」——由立夏（節）至小滿（氣）。
五月月支「午」——由芒種（節）至夏至（氣）。
六月月支「未」——由小暑（節）至大暑（氣）。
七月月支「申」——由立秋（節）至處暑（氣）。
八月月支「酉」——由白露（節）至秋分（氣）。
九月月支「戌」——由寒露（節）至霜降（氣）。
十月月支「亥」——由立冬（節）至小雪（氣）。

十一月月支『子』——由大雪（節）至冬至（氣）。

十二月月支『丑』——由小寒（節）至大寒（氣）。

在命理上，只用『節』而不用『氣』。例如一月由立春開始至驚蟄為止。二月由驚蟄以後至清明前為止。三月由清明到立夏。立夏即為四月，以此類推。

推『月干支』必須注意的問題

㈠在本月節令後出生的人，以本月節令以定干支。排月柱。

㈡在本月節令前出生的人，以前一月的干支排月柱。

㈢在本月中下一個節令後出生的人，以下一個月的干支排為月柱。

例如，一九九八年四月五日辰時是清明，陰曆是三月初九辰時是清明，則國曆四月四日出生者仍為陰曆二月（乙卯月）的人。而國曆四月五日辰時以後出生的人才是陰曆三月丙辰月生的人。月柱才能排丙辰。

◎上述問題在查萬年曆時，也應一併查清楚，才能排出準確的『八字』。

◎閏年、閏月出生的人，也是以『節』為準來辨明月份，如此便不會錯了。

特別舉例：

例如西元一九九八年二月四日8時53分立春。陰曆為戊寅年・甲寅月・初八辰時。在此時間以前生之人，如初八卯時或寅時生的，仍需以前一年的年干支、月干支來排年柱、月柱。

如　丁丑——年柱
　　癸丑——月柱

而在西元一九九八年二月四日辰時以後生的人，因已經立春。故其年柱、月柱為當年、當月之干支、月支。

如　戊寅——年柱
　　甲寅——月柱

又例：

陰曆乙亥年十二月（己丑月）十六日亥時立春。在十六日亥時以前出生的人，其年柱、月柱排法是：

乙亥——年柱
己丑——月柱

在十六日亥時以後出生之人為下一年所出生之人，其年柱、月柱的排法是：

丙子——年柱
庚寅——月柱

日干支的排法

日干支的排法查萬年曆即可。

時干支的排法

命理上仍是以古代將一日分為十二個時辰來計算，每兩小時為一個時辰，二十四個小時共計成十二個時辰。

如何選取喜用神

時支排法

子時——自晚間十一時至入夜一時
丑時——自夜間一時至清晨三時
寅時——自清晨三時至清晨五時
卯時——自早上五時至早上七時
辰時——自早上七時至上午九時
巳時——自上午九時至上午十一時
午時——自上午十一時至下午一時
未時——自下午一時至下午三時
申時——自下午三時至下午五時
酉時——自下午五時至下午七時
戌時——自晚上七時至晚上九時
亥時——自晚上九時至晚間十一時

時干速見表

時支＼日干	甲己	乙庚	丙辛	丁壬	戊癸
子	甲	丙	戊	庚	壬
丑	乙	丁	己	辛	癸
寅	丙	戊	庚	壬	甲
卯	丁	己	辛	癸	乙
辰	戊	庚	壬	甲	丙
巳	己	辛	癸	乙	丁
午	庚	壬	甲	丙	戊
未	辛	癸	乙	丁	己
申	壬	甲	丙	戊	庚
酉	癸	乙	丁	己	辛
戌	甲	丙	戊	庚	壬
亥	乙	丁	己	辛	癸

續前面之例，一九九八年四月十日午時生的人，換算陰曆『八字』四柱的排法為：

戊寅——（年柱）
丙辰——（月柱）
丁亥——（日柱）
丙午——（時柱）

◎通常我們以年干支稱為年柱，月干支稱為月柱，以日干支稱為日柱。

以時干為時柱。而以日柱之天干為『日主』亦稱『日元』。前例之人則為日主為丁火之人。

排『時干支』必須注意的問題

排時干支必須注意的問題，實則是『早子時』與『夜子時』的問題。出生在子時的人，特別要注意日干支與時干支的排法。

命理和曆法有很大的關連。現今全世界皆以二十四小時為一日，以二十四時零分為一日的開始，也為一日的終點。而命理上及陰曆的子時都是橫跨過今日與明日的交界點。因此我們必須注意的是：

(一)凡是在夜間二十三點至二十四時正出生的人，算當日出生，以當日的日干支為準。而時干支的求法則以次日的日干與時支的子時來推定時干支。此稱之為『夜子時』出生的人，他們的時干支求法和『早子時』的人的時干支求法有很大的不一樣。

(二)而在零時（二十四時一過便為零時）至清晨一點出生的人，算第二日出生的人，此為第二日清晨，稱『早子時』，日、時干支以第二日的日干支、時干支來排定。

例如某人為一九九八年四月十日晚十一時出生之人，其八字四柱如下：

戊寅

丙辰

丁亥（日柱）

壬子（時柱）

例如某人為一九九八年四月十日晚上已過十二時出生之人，實為十一日出生之人了，故其八字四柱如下：

戊寅

丙辰

戊子（日柱）

壬子（時柱）

（其中日干支不一樣了）

第三章

選取『喜用神』所必須具有的基本概念

選取『喜用神』必須先將我們的八字歸類成為格局，再用五行生剋制化的方法釐清命局的喜忌，而選出喜用神。在這個過程中有許多術語和名詞，以及陰陽生剋的變化是我們必須先具有的觀念。

如何選取喜用神

第三章　選取『喜用神』所必須具有的基本概念

1.何謂陰陽

中國之命理皆起源於易經，在易經中就常有一些名詞來解釋陰陽。例如寒與暖、燥與濕、剛與柔、動與靜、奇與偶、往與復、雷與風、日與雨、艮與兌、乾與坤、盈與虛，這些都是陽與陰的現象。現在將『陰陽』在命理中所代表的意義再簡而言之。

『陽』：是由開始孕育、而後生長、而至壯旺之氣。是剛開始發生之氣，也名之為進氣，亦稱向旺之氣。

『陰』：是由旺壯而開始衰老，而漸漸死絕之氣。是由盛極而漸衰之氣，又名退氣，亦稱向衰之氣。

如何選取喜用神

2.何謂五行

五行：是天地間流動、運行的五種氣。可以說它是春、夏、秋、冬四季的氣候。也可以說它是寒暑涼溫之氣。例如春天的木氣、夏天的火氣、秋天的金氣、冬天的水氣。土氣是間雜在每一個季節相交之間的雜氣。五行又以卦氣之名而成之，形成方位。簡單的說：五行代表金、木、水、火、土。

3.五行生剋

金生水，水生木，木生火，火生土，土生金。
金剋木，木剋土，土剋水，水剋火，火剋金。

4.何謂十天干

甲、乙、丙、丁、戊、己、庚、辛、壬、癸為十天干。
十干就是五行，因在天空大氣中運行之故，故稱天干。
十干的五行為：甲乙為木。丙丁為火。戊己為土。庚辛為金。壬癸為水。

5. 十天干之陰陽

十天干中以甲、丙、戊、庚、壬為陽。以乙、丁、己、辛、癸為陰。

6. 何謂十二地支

子、丑、寅、卯、辰、巳、午、未、申、酉、戌、亥為十二地支。

『支』的意思是時間的順序。就一年來講為十二個月。就一天來說，為十二個時辰。五行中生旺的原理：旺、相、休、因的程序，以十支來分配。如胎、養、長生、沐浴、冠帶、臨官、帝旺、衰、病、死、墓、絕。

7. 十二地支之陰陽

十二地支中以子、寅、辰、巳、申、戌為陽。十二地支中以為丑、卯、午、未、酉、亥為陰。

8. 十二地支之五行

寅、卯為木。巳、午為火。辰、戌、丑、未皆為土。申、酉為金。亥、子皆為水。

9. 十二地支所分配之卦位

子卦位為坎。丑寅為艮位。卯為震位。辰巳為巽位。午為離位。未申為坤位。酉為兑位。戌亥為乾位。

10. 十二地支所分配之方位

寅卯辰為東方。巳午未為南方。申酉戌為西方。亥子丑為北方。

11. 十二支所分配之十二月

正月建寅。二月建卯。三月建辰。四月建巳。五月建午。六月建未。七月建申。八月建酉。九月建戌。十月建亥。十一月建子。十二月建丑。

12 何謂五行生旺死絕十二宮

十二宮之次序：長生、沐浴、冠帶、臨官、帝旺、衰、病、死、墓、絕、胎、養。

13. 生旺休囚十二宮之意義

胎、養為醞釀之時，長生為開始萌發動之時。沐浴、冠帶為剛剛初生，預備登場之時。臨官為旺壯之時，銳氣與希望無窮。故臨官又稱祿位。帝旺為專旺之時，但旺盛已極，外觀甚佳，內在氣已衰竭。因此臨官與帝旺雖同時稱旺時。但臨官如同中午以前的時刻。帝旺如同過了中午的時刻，已漸漸步向衰地。衰、病、死，皆是漸漸衰退氣竭以亡的時刻。墓為死後所存之餘氣。絕為氣達到真無的境界。自此以後，又醞釀而成胎、養之位，而漸漸生起。氣的循環就是如此周而復始，源源不斷的循環流動著。

胎、養、長生、沐浴、冠帶、臨官為陽。

帝旺、衰、病、死、墓、絕為陰。

14. 陰陽之分界點

陰陽以子、午、卯、酉為分界點。以年來講，冬至、夏至、春分、秋分都是陰陽的分界點。以日來說，以四正（子正、卯正、午正、酉正）的時辰為陰陽的分界點。

15. 何謂天元、地元、人元

古法各有不同，八字子平法以干為天元，支為地元，支中所藏可用之氣為人元，此為今人常用之法，此三者合稱三元。

16. 何謂八字、何謂四柱

命理學上將人出生之年、月、日、時以陰曆之天干、地支表示出來的方法，即稱為此人的八字。例如某人於西元一九九八年八月三十一日中午十二時生。此人的八字即為戊寅・庚申・庚戌・壬午（可查萬年曆得之）。

如何選取喜用神

四柱即為年柱、月柱、日柱、時柱。

戊寅（此為年柱）
庚申（此為月柱）
庚戌（此為日柱）
壬午（此為時柱）

※八字及四柱皆為一干一支來組合而成。

17.何謂日元、胎元

日元：所生之日的天干稱日元，並以此為生剋定奪的標準。例如：西元一九九八年八月三十一日午時生人，八字如左，日元即是庚金。所論及的生剋也以日元庚金為主。

日元庚金為主。

戊寅　年
庚申　月
庚戌　日
壬午　時

胎元：指受胎之月的干支。

18. 何謂『我』字

在八字中以『我』字代表日干，以此來論生剋。例如日主是甲木的人，遇見庚金，木被金剋，稱為『剋我』。甲木遇丙火，木可生火，稱為『我生』。壬水可以生甲木，就稱為『生我』。甲木可以剋戊土，則稱為『我剋』。這個『我』字，是以日主為中心的代名詞。

19. 十二地支中藏五行支用

子中藏癸水。子宮為癸水之祿地。

丑中藏己土、辛金、癸水。丑宮為金之墓地。

寅中藏甲木、丙火、戊土。寅宮為甲木之祿地，為火、土長生之地。

卯中藏乙木。卯宮為乙木之祿地。

辰中藏乙木、癸水、戊土。辰宮為水之墓地。

巳中藏丙火、戊土、庚金。巳宮為丙火、戊土之祿地，亦為金之長生之地。

午中藏丁火、己土。午宮為丁、己之祿地。

未中藏乙木、己土、丁火。未宮為木之墓地。

申中藏庚金、壬水、戊土。申宮為壬水長生之地，亦為庚金之祿地。

酉中藏辛金。酉宮為辛之祿地。

戌中藏辛金、丁火、戊土。戌宮為火之墓地。

亥中藏壬水、甲木。亥宮為壬水祿地，亦為甲木長生之地。

巳 庚戊丙 金　戊丙 生　祿	午 己丁 祿己丁	未 乙丁己 墓木	申 戊壬庚 庚　水 祿　生
辰 癸乙戊 墓　水	人元地支藏用圖		酉 辛 祿　辛
卯 乙 祿　乙			戌 辛丁戊 墓　火
寅 戊丙甲 甲　土火 祿　生	丑 辛癸己 墓　金	子 癸 祿　癸	亥 甲壬 木　壬 生　祿

如何選取喜用神

在人元支用中，雖有一宮有三支並列，例如寅宮有甲、丙、戊，但有強弱及賓主之分。人元是支中可用之氣。寅中有甲、丙、戊三種可用之氣。但是寅中甲木為當旺之氣，佔全部氣的十分之六。因寅宮在東方木氣之位的原因。而寅宮的丙火之氣，是靠木來助長火旺的。而寅中戊土之氣又是靠火來生出。因此火和土之氣合起來佔十分之四。因此在寅宮中以木為主要，丙火次之，戊土再次之。但是如果有丙火出干，如丙寅。八字四柱支上再有寅午戌會成火局，變成火旺之勢，則以火為重，以丙火為主要的主角。

卯宮：只有乙祿，故全是木氣。

辰宮：有戊乙癸三種氣。以土為專旺之氣，佔十分之六，為主要之氣。乙木為餘氣佔十分之三。水為墓氣，佔十分之一。若乙木出干，或四柱支聚寅卯辰東方。則以乙木為主。若有壬水出干，或四柱支上有申子辰會水局，則以水為主氣。

巳宮：有丙戊庚三種氣。以丙為專旺之氣。佔十分之六。為主要之氣。土靠火生，雖與丙火同在極旺之祿地，但仍只有佔十分之三，為次要之氣。金在巳中雖居長生之位，但只佔十分之一，為最次要之氣。

若干上有戊癸相合化火。或有戊土出干，則以火土為主要之氣。亦或四柱支上有巳酉丑會金局，則以庚金為主要之氣。

如何選取喜用神

午宮：有丁己兩種氣。以丁火為專旺之氣。佔十分之六。而己土之氣佔十分之四。若四柱支上有寅午戌會火局，丁火則更旺。若四柱支上丑辰土多，則以己土為主。

未宮：有己丁乙三種氣。以己土為主要之氣，佔十分之六。丁為餘氣佔十分之三。而木為墓氣，佔十分之一。若四柱支上有卯亥未成木局，則以木氣為主要之氣。若四柱支上形成巳午未支類南方，則以丁火為主要之氣。

申宮：有庚壬戊三種氣。以庚金居祿位為主要之氣。佔十分之五。而壬水為次要之氣，但壬水在申為長生之位，佔十分之四。而戊土之氣佔十分之一，為第三位。若四柱支上有申子辰會水局，則壬水之氣成為主要之氣。若四柱支上有申酉戌支類西方，則仍以庚金

如何選取喜用神

為主要之氣。

酉宮：只有辛金一種氣。故全為金氣。

戌宮：有戊丁辛三種氣。以戊土為主要之氣，佔十分之六。辛金是餘氣，佔十分之三，居次要位置。而丁火是墓氣，佔十分之一，居第三位。

若四柱支上有申酉戌支類西方，則以辛金金氣為主要之氣。

若四柱支上有寅午戌會火局，則以丁火為主要之氣。

亥宮：有壬甲兩種氣。以壬水為主要之氣。佔十分之六。以甲木為次要之氣，佔十分之四。若四柱支上有亥卯未會木局，則以甲木為主要之氣。若四柱支上有亥子丑支類北方，則以壬水為主要之氣。

子宮：只有癸水一種氣。故全為水氣。

丑宮：有己癸辛三種氣。以己土為主要之氣，佔十分之六。以癸水餘氣佔十分之三，為次要之氣。以辛金墓氣佔十分之一，為最後一位。

若四柱支上有亥子丑支類北方，則以癸水之氣為主要之氣。

若四柱支上有丑巳酉會金局，則以辛金為主要之氣。

如何選取喜用神

19. 何謂六神

子平八字中以剋我、我剋、生我、我生及同類與自身『我』六種，通稱六神。並以六神配六親。

六神亦是官煞、印綬、財、食傷、比劫及『我』六種，統稱六神。

官煞：為剋我，是我的君主，主人之類，其力量會支配我，要我為其做事，使我受制於他。例如火剋金。火即是金之官煞。又稱官鬼。

印綬：為生我。是我的父母之類。凡是能幫助我、支助我、庇佑我的人都是此類。就像天地孕育萬物一樣。例如水生木、金生水、水為木之印綬，金為水之印綬。

財：為我剋。如同妻妾。是我能力可以支配、管束的人，同時也是會侍奉於我的，都是此類。例如木剋土，土為木之財。也稱妻財。

食傷：為我生。如同自己的子女或智慧。是由我所生出、發洩出來的。就像福德、子孫也是同類。例如金與水，水與木，水是金的食傷，而木是水的食傷。為食神、傷官的統稱。

例如甲木生丙火，甲、丙都屬陽，丙即是甲的食神。凡被生出的，與自己同屬陽，或同屬陰，都稱之為食神。

例如甲木也生丁火，而甲屬陽，丁屬陰，丁即是甲的傷官。凡被生出的，與自己陰陽屬性不同的，都稱之為傷官。

比劫：為同類。凡屬於與自己相同的五行屬之。譬如兄弟或共事之人也是同類。例如木與木，金與金，火與火之間為同類，稱之比劫。為比肩、劫才的統稱。同類的陽見陽、陰見陰，為比肩。同類的陽見陰、陰見陽為劫才。

例如甲見甲、乙見乙、丙見丙、丁見丁、戊見戊……等是比肩。

例如甲見乙、乙見甲、丙見丁、丁見丙、戊見己、己見戊……等是劫才。

20. 何謂十神

六神中，官煞分為正官、偏官（偏官又稱七殺）。財分為正財、偏財。印綬分為正印、偏印（偏印又稱梟神，又稱梟印、亦稱倒食）、加上食神、傷官、比肩、劫財等，共稱十神。並以此來檢查天干、地支藏用之關係。

如何選取喜用神

如何用偏財運理財致富

法雲居士⊙著

偏財運會創造人生的奇蹟，

偏財運也會為人生帶來財富，

但『暴起暴落』始終是人生中的夢魘。

如何讓暴發的財富永遠留在你的身邊，

如何用一次接一次的偏財運增高你的人生格局。

這本『如何用偏財運來理財致富』就明確的提供了發財的方法和用偏財運來理財致富的訣竅，讓你永不後悔，痛快的過你的人生！

第四章

天干、地支、人元、五行篇以及如何看日主旺弱

在八字四柱中，天干、地支、人元、五行之間的生剋關係相互組成了命格的基礎。我們從這個基礎中就可探究出人一生的吉凶禍福。

紫微成功交友術

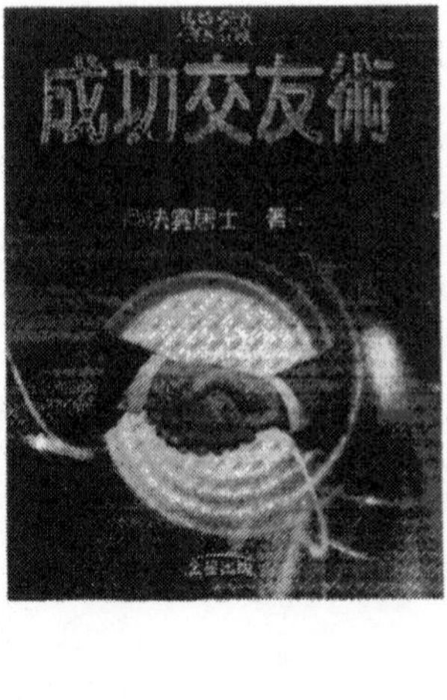

成功的人都有成功的好朋友！

失敗的人也都有運程晦暗的朋友！

好朋友能幫助你在人生中『大躍進』！

壞朋友只能為你『扯後腿』！

如何交到好朋友？

好提升自己人生的層次，進入成功者的行列！

『交友成功術』教你掌握『每一個交到益友的企機』！

讓你此生不虛此行！

第四章　天干、地支、人元篇

第一節　天干部份

天干有甲、乙、丙、丁、戊、己、庚、辛、壬、癸十天干。依次說明其特性。（十干就是五行，為天上所行之氣，故稱天干）

甲

甲，五行屬木，屬陽，位於東方，亦稱甲木。甲木像高大的喬木。其氣勢旺於春（為最旺）。相於冬（為次旺）。休於夏（為衰位）。囚於立春、立夏、立秋、立冬前各十八天（為次衰）。死於秋（為最衰）。

◎甲木之氣長生於亥，沐浴在子，冠帶在丑，帝旺在卯（以上為氣旺之時）衰於辰，死於午，墓於未，絕於申，胎於酉，養於戌（以上為氣衰之時）。

◎甲能生丙丁、巳午。而壬癸、亥子生甲。

◎甲會剋戊、己、辰、戌、丑、未。

◎庚、辛、申、酉剋甲。

◎甲己相合。若日干為甲，逢己土，月支為辰戌丑未月，甲己相合而化土。

乙

乙，五行屬木，屬陰，位於東方，亦稱乙木。乙木像花卉、草藤之木，其氣勢旺於春（為最旺）。相於冬（為次旺）。休於夏（為衰位）。囚於立春、立夏、立秋、立冬前各十八天（為次衰）。死於秋（為最衰）。

◎乙木之氣，長生在午，沐浴在巳，冠帶在辰，臨官在卯，帝旺在寅（以上為氣旺之時），衰於丑，病於子，死於亥，墓於戌，絕於酉，胎於申，養於未（以上為氣衰之時）。

◎乙能生丙丁、巳午。而壬癸、亥子生乙。

◎乙會剋戊、己、辰、戌、丑、未。

◎庚、辛、申、酉會剋乙。

◎乙庚相合。若日干為乙，逢庚金在月支或時支上，在巳酉丑申月，乙庚相合而化金。

丙

丙，五行屬火，屬陽，位於南方，亦稱丙火。丙火像太陽。其氣勢旺於夏（為最旺）。相於春（為次旺）。休於立春、立夏、立秋、立冬前各十八天（為衰位）。囚於秋（為次衰）。死於冬（為最衰）。

◎丙火之氣長生在寅，沐浴在卯，冠帶在辰，臨官在巳，帝旺在午（以上為氣旺之時），衰於未，病於申，死於酉，墓於戌，絕於亥，胎於子，養於丑（以上為氣衰之時）。

◎丙能生戊、己、辰、戌、丑、未。而甲乙、寅卯生丙。

◎丙會剋庚、辛、申、酉。

◎壬、癸、亥、子剋丙。

◎丙辛相合。若日干為丙火，月干、時干上逢辛金，在亥、申、子、辰月，丙辛相合可化水。

丁

丁，五行屬火，屬陰，位於南方，亦稱丁火。丁火像燈燭之火。其氣勢旺於夏（為最旺）。相於春（為次旺）。休於立春、至夏、立秋、立冬前各十八（為衰位）。囚於秋（為次衰）。死於冬（為最衰）。

◎丁火之氣長生在酉，沐浴在申，冠帶在未，臨官在午，帝旺在巳（以上為氣旺之時），衰於辰，病於卯，死於寅，墓於丑，絕於子，胎於亥，養於戌（以上為氣衰之時）。

◎丁能生戊、己、辰、戌、丑、未。而甲、乙、寅、卯生丁。

◎丁會剋庚、辛、申、酉。

◎壬、癸、亥、子剋丁。

◎丁壬相合。倘若日干為丁火，逢壬水在月干或時干上，在亥、卯、未、寅月，丁壬相合而化木。

戊

戊，五行屬土，屬陽，位於中央，亦稱戊土。戊土為乾燥、厚實的土。其氣勢旺於立春、立夏、立秋、立冬前各十八天（為最旺）。相於夏（為次旺）。休於秋（為衰位）。囚於冬（為次衰）。死於春（為最衰）。

◎戊土之氣，長生在寅，沐浴在卯，冠帶在辰，臨官在巳，帝旺在午（以上為氣旺之時），衰於未，病於申，死於酉，墓於戌，絕於亥，胎於子，養於丑（以上為氣衰之時）。

◎戊土能生庚、辛、申、酉。而丙、丁、巳、午生戊。

◎戊土會剋壬、癸、亥、子。

◎甲乙、寅卯剋戊。

◎戊癸相合。若日干為戊土，逢癸水，在寅、午、戌、巳月，戊癸相合而化火。

己

己，五行屬土，屬陰，位於中央，亦稱己土。己土為潮濕之土。其氣勢旺於立春、立夏、立秋、立冬前各十八天（為最旺）。相於夏（為次旺）。休於秋（為衰位）。因於冬（為次衰）。死於春（為最衰）。

◎己土之氣，長生在酉，沐浴在申，冠帶在未，臨官在午，帝旺於於巳（以上氣旺之時），衰於辰，病於卯，死於寅，墓於丑，絕於子，胎於亥，養於戌（以上為氣衰之時）。

◎己土能生庚、辛、申、酉。而丙、丁、巳、午生己土。

◎己土能剋壬、癸、亥、子。

◎甲乙、寅卯會剋己土。

◎甲己相合。若日干為己土，逢甲木在月干或時干上，在辰、戌、丑、未月。因甲己相合而化土。

庚

庚，五行屬金，屬陽，位於西方，亦稱庚金。庚為硬金，是可以做刀劍、鐘磬的有用之金。其氣勢旺於秋（為最旺）。相於立春、立夏、立秋、立冬前各十八天（為次旺）。休於冬（為衰位）。囚於春（為次衰）。死於夏（為最衰）。

◎ 庚金之氣長生在巳，沐浴在午，冠帶在未，臨官在申，帝旺在酉（以上為氣旺之時）。衰於戌，病於亥，死於子，墓於丑，絕於寅，胎於卯，養於辰（以上為氣衰之時）。

◎ 庚金能生壬、癸、亥、子。而戊、己、辰、戌、丑、未生庚。

◎ 庚剋甲乙、寅卯。

◎ 丙丁、巳午剋庚。

◎ 乙庚相合。若日干為庚，月干、時干逢乙，在巳、酉、丑、申月，乙庚相合可化金。

辛

辛，五行屬金，屬陰，位於西方，亦稱辛金。辛金為弱金，屬於珠寶、手飾之類的軟金。其氣勢旺於秋（為最旺）。相於立春、立夏、立秋、立冬前十八天（為次旺）。休於冬（為衰位）。囚於春（為次衰）。死於夏（為最衰）。

◎辛金之氣長生在子，沐浴在亥，冠帶在戌，臨官在酉，帝旺在申（以上為氣旺之時），衰於未，病於午，死於巳，墓於辰，絕於卯，胎於寅，養於丑（以上為氣衰之時）。

◎辛能生壬、癸、亥、子。而戊、己、辰、戌、丑、未生辛。

◎辛金剋甲乙、寅卯。

◎丙丁、巳午剋辛。

◎丙辛相合。若日干為辛，逢丙火，在申、子、辰月，丙辛相合可化水。

壬

壬，五行屬水，屬陽，位於北方，亦稱壬水。壬水為海洋、湖江之水，為大水。其氣勢旺於冬（為最旺）。相於秋（為次旺）。休於春（為衰位）。囚於夏（為次衰）。死於立春、立夏、立秋、立冬前各十八天（為最衰）。

◎壬水之氣長生在申，沐浴在酉，冠帶在戌，臨官在亥，帝旺在子（以上為氣旺之時），衰於丑，病於寅，死於卯，墓於辰，絕於巳，胎於午，養於未（以上為氣衰之時）。

◎壬水生甲、乙、寅、卯。而庚、辛、申、酉生壬。

◎壬剋丙丁、巳午。

◎戊己、辰戌、丑未剋壬。

◎丁壬相合。若日干為壬水，逢丁火，在亥、卯、未、寅月、丁壬相合可化木。

癸

癸，五行屬水，屬陰，位於北方，亦稱癸水。癸水如雨露。其氣勢旺於冬（為最旺）。相於秋（為次旺）。休於春（為衰位）。囚於夏（為次衰）。死於立春、立夏、立秋、立冬前各十八天（為最衰）。

◎癸水之氣長生在卯，沐浴在寅，冠帶在丑，臨官在子，帝旺在亥（以上為氣旺之時），衰於戌，病於酉，死於申，墓於未，絕於午，胎於巳，養於辰（以上為氣衰之時）。

◎癸生甲、乙、寅、卯。庚、辛、申、酉生癸。

◎癸剋丙丁、巳午。

◎戊己、辰戌、丑未剋癸。

◎戊癸相合。若日干為癸水，逢戊土，又生在寅、午、戌、巳月，戊癸相合可化火。

第二節　地支部份

地支有子、丑、寅、卯、辰、巳、午、未、申、酉、戌、亥十二地支。依次說明其特性。

（地支為時間的順序。十二支因屬地元，故稱十二地支）

子

子的五行屬水，屬陰，其氣位於北方。其代表月令為十一月。大雪為子月之『節』。冬至為子月之『氣』。

◎子中藏癸水。可生甲、乙、寅、卯。而庚、辛、申、酉生子。

◎子剋丙丁、巳午。而戊己、辰戌、丑未剋子。

◎子丑、子巳相合。子卯相刑。子午相沖。子未相害。

◎會局：申子辰會水局。（有其中兩支就可形成會局）

◎方：亥、子、丑三支全，為支類北方。

丑

丑的五行屬土。屬陰。其氣位於中央。代表月令為十二月。小寒為丑月之『節』。而大寒為丑月之『氣』。

◎丑中藏有人元支用為己、癸、辛。可生庚、辛、申、酉。而丙、丁、巳、午生丑。

◎丑剋壬、癸、亥、子。而甲、乙、寅、卯剋丑。

◎子丑相合。丑巳相合。丑戌相刑。丑未相冲。丑午相害。

◎會局：巳酉丑會成金局。（有其中兩支便可形成會局。）

◎方：亥、子、丑三支全，為支類北方。

寅

寅的五行屬木。屬陽。其氣位於東方。代表月令為一月（正月）。立春為寅月之『節』。雨水為寅月之『氣』。

◎寅中藏有人元支用為甲、丙、戊。可生丙、丁、巳、午。而壬、癸、亥、子生寅。

◎寅剋戊、己、辰、戌、丑、未。而庚、辛、申、酉剋寅。

◎寅亥相合。寅丑、寅未相合。寅巳相刑。寅申相沖。寅亥相害。

◎會局：寅、午、戌會成火局。（有其兩支就可形成會局）。

◎方：寅、卯、辰三支全，為支類東方。

卯

卯的五行屬木。屬陰。其氣位於東方。代表月令為二月。驚蟄為卯月之『節』。春分為卯月之『氣』。

◎卯中藏有人元支用為乙木。可生丙、丁、巳、午。而壬、癸、亥、子生卯。

◎卯剋戊、己、辰、戌、丑、未。而庚、辛、申、酉剋卯。

◎卯戌相合。卯申相合。子卯相刑。卯酉相沖。卯辰相害。

◎會局：卯亥未會成木局。（其中有兩支就可形成會局）。

◎方：寅、卯、辰三支全，為支類東方。

辰

辰的五行屬土。屬陽。其氣位於中央（土無專位，寄於四隅，故以辰、戌、丑、未為專旺之地。而旺於中央）。代表月令為三月。清明為辰月之『節』。穀雨為辰月之『氣』。

◎辰中藏有人元支用為戊、乙、癸。可生庚、辛、申、酉。而丙、丁、巳、午生辰。

◎辰剋壬、癸、亥、子。而甲、乙、寅、卯剋辰。

◎辰酉相合。辰子相合。辰與辰自刑。辰戌相冲。卯辰相害。

◎會局：申、子、辰會成水局。（其中有兩支就可形成會局）

◎方：寅、卯、辰三支全，為支類東方。

巳

巳的五行屬火。屬陽。其氣位於南方。代表月令為四月。立夏為巳月之『節』。小滿為巳月之『氣』。

◎巳中藏有人元支用為丙、戊、庚。可生戊、己、辰、戌、丑、未。而甲、乙、寅、卯、生巳。

◎巳剋庚、辛、申、酉。而壬、癸、亥、子剋巳。

◎巳申相合。巳丑相合。寅巳相刑。巳申相刑。巳亥相冲。寅巳相害。

◎會局：巳、酉、丑會成金局。（其中有兩支就可形成會局）

◎方：巳、午、未三支全，為支類南方。

午

午的五行屬火。屬陰。其氣位於南方。代表月令為五月。芒種為午月之『節』。夏至為午月之『氣』。

◎午中藏有人元支用為丁己。可生戊、己、辰、戌、丑、未。而甲、乙、寅、卯生午。

◎午剋庚、辛、申、酉。而壬、癸、亥、子剋午。

◎午未相合。午亥相合。午與午自刑。子午相冲。丑午相害。

◎會局：寅、午、戌會成火局。（其中有兩支就可形成會局）

◎方：巳、午、未三支全，為支類南方。

未

未的五行屬土。屬陰。其氣位於中央。代表月令為六月。小暑為未月之『節』。大暑為未月之『氣』。

◎未中藏有人元支用為己、丁、乙。可生庚、辛、申、酉。而丙、丁、巳、午生未。

◎未剋壬、癸、亥、子。而甲、乙、寅、卯剋未。

◎午未相合。寅未相合。丑戌未相刑。丑未相冲。子未相害。

◎會局：亥、卯、未會成木局。（有其中兩支就可形成會局）

◎方：巳、午、未三支全，支類南方。

申

申的五行屬金。屬陽。其氣位於西方。代表月令為七月。立秋為申月之『節』。處暑為申月之『氣』。

◎申中藏有人元支用為戊、庚、壬。可生壬、癸、亥、子。而戊、己、辰、戌、丑、未生申。

◎申剋甲、乙、寅、卯。而丙、丁、巳、午剋申。

◎巳申相合。卯申相合。巳申相刑。寅申相冲。申亥相害。

◎會局：申、子、辰會成水局。（有其中兩支就可形成會局）

◎方：申、酉、戌三支全，為支類西方。

酉

酉的五行屬金。屬陰。其氣位於西方，代表月令為八月。白露為酉月之『節』。秋分為酉月之『氣』。

◎酉中藏有人元支用為辛金。可生壬、癸、亥、子。而戊、己、辰、戌、丑、未生酉。

◎酉剋甲、乙、寅、卯。丙、丁、巳、午剋酉。

◎辰酉相合。酉與酉自刑。卯酉相冲。酉戌相害。

◎會局：巳、酉、丑會成金局。（有其中兩支就可形成會局）

◎方：申、酉、戌三支全，為支類西方。

戌

戌的五行屬土。屬陽。其氣位於中央。代表月令為九月。寒露為戌月之『節』。霜降為戌月之『氣』。

◎戌中藏有戊、辛、丁。可生庚、辛、申、酉。而丙、丁、巳、午生戌。

◎戌剋壬、癸、亥、子。而甲、乙、寅、卯剋戌。

◎卯戌相合。戌子相合。丑刑戌。戌刑未。辰戌相沖。酉戌相害。

◎會局：寅、午、戌會火局。（其中有兩支就可形成會局）

◎方：申、酉、戌三支全，可支類西方。

亥

亥的五行屬水。屬陽。其氣位於北方。代表月份為十月。立冬為亥月之『節』。小雪為亥月之『氣』。

◎亥中藏有人元支用為壬、甲。可生甲、乙、寅、卯。而庚、辛、申、酉生亥。

◎亥剋丙、丁、巳、午。戊、己、辰、戌、丑、未剋亥。

◎寅亥相合。午亥相合。亥與亥自刑。巳亥相冲。申亥相害。

◎會局：亥、卯、未會成木局。（其中有兩支就可形成會局）

◎方：亥、子、丑三支全，為支類北方。

第三節　人元部份

人元，為地支中所藏之氣，亦稱人元支用，亦稱藏干。

地支人元支用圖

巳	午	未	申
庚戊丙	己丁	乙丁己	戊壬庚
金　戊丙 生　祿	祿己丁	墓木	庚　水 祿　生
辰	人元地支藏用圖		酉
癸乙戊			辛
墓　水			祿　辛
卯			戌
乙			辛丁戊
祿　乙			墓　火
寅	丑	子	亥
戊丙甲	辛癸己	癸	甲壬
甲　土火 祿　生	墓　金	祿　癸	木　壬 生　祿

人元的用處：

①若人元支用剛好就是命局的用神，則可幫助命局。譬如說四柱中天干、地支裡的氣有無法中和的現象，而這一支人元支用剛好可以補足其缺陷。使整個命局中的五行中和起來。

②地支人元若有多個和命局天干相同的藏干，便可增加命局天干的力量。相同的，若在四柱支上，亦見多個相同屬類的藏干，亦能增加整個命局的地支力量。

③地支人元若有多個和日主（日柱天干）相同的字（藏干）。可以增加日主的強旺，稱做身旺。若四柱支上所形成的會局和方的氣和日主相同則也可助旺日主，使『我』字身強。

人元的惡質行爲：

①在命局四柱中不但有幫忙日主生旺的人元支用，同時也會出現剋害日主，或洩弱日主的人元支用。這些對日主不利的人元支用，有時

候更可能成為忌神，危害命局與行運運程，這就是人元的惡質行為。

② 在命局四柱中有時也會出現沒有用途，或是對日主沒有幫助的人元支用。不但如此，某些無用的人元支用，還會剋去了可以幫助日主生旺的其他人元。而讓整個命局被破壞。而變成不好的命局和不佳的行運運程。

人元的等級位次：

① 在命局四柱中，以月柱中月支的人元支用，屬於該月本來的氣，其氣勢也最強勁。例如甲旺於春，春天以寅月中甲木之氣最重。因此日主甲木的人，以生在寅月，最得木氣。甲木也就是寅的本氣。日主也會因此增旺。日主丙火的人，在巳月得月令之氣而日主身旺。

② 在命局四柱中，以月柱中月支的人元支用裡其他不屬於月令本氣的人元為其次的重要。例如寅月，寅中還藏丙、戊，這兩個並不是寅之本氣。因此較次之。他們也許不能成為用神，但有時也可成為喜神或閒神。也有可能成為忌神的，這完全要看命局的需要或其他的

干支藏用以做決定了。

③在命局四柱中，以年柱、日柱、時柱的人元支用來與月柱支中的人元支用相較，是地位最次之的。因此，凡是查看人元支用，皆是先看月支中的人元支用，能不能助旺日主而定。若不能助旺，或有剋害日主的情況，便要用其他干支的力量來加以制裁、增補幫助日主的人元支用的力量。這就是在人元支用中選取用神之方法了。

第四節 五行部份

五行，就是有五種氣運行在天地之中，源源之絕，循環不息。那就是金、木、水、火、土五種氣。這五種氣稱之為五行。

金

『金』原是以西方陰氣停止以後而收斂，漸生乾燥。乾燥以後產生了金。因此在卦象上，金屬少陰。是一種容易下沈才停止的氣。

金的體性是在至陰中含有至陽的特性。因為會有閃閃的亮光。金的質地堅硬、剛強，並且鋒銳。在天干上金的代表是庚、辛。在地支上金的代表是申、酉。庚與辛這兩種金略有不同，庚金是硬金。辛金是弱金。

金藏於申、酉、戌、巳、丑人元支用之中。金為土生。金能生水。金能剋木。而火能剋金。

如何選取喜用神

日主為金的命局，命局會因日主的強弱而分成六類。

①**日主爲強金時：**因月令為秋金當令，或四柱中干支上所出現的金多，而使日主成為強金。

②**日主爲弱金時：**因命局之月令剛好處於金衰之時，或者是四柱干上支上所出現的金少，而使日主成為弱金。

此時最好用土生金。或者支上成金之會局或支類西方。有相同的金類人元支用來幫忙。此時最怕有木來剋金，也怕有火來制金。便怕有水來洩金。

③**日主爲埋金時：**因命局四柱土多，金則遭土埋沒，而無法顯其光輝。此時最好有木來疏土。有木制住土，則金可以出頭了。最怕有火生土，使土更加重。

④**日主爲沈金時：**因命局四柱中水太多，而金重會下沈。此時最好有土來剋水。或是用木來洩水。最怕是有金生水，使水更加泛濫。

⑤**日主爲缺金時：**因命局四柱中木太多，而容易缺金。此時最好有土來

生金。但最怕命局中木火相生變多。

⑥ **日主爲熔金時：**因命局四柱中火多，金易熔。這多半是生月月令為夏火旺時，或支上會成火局，或是支類南方之命局。此時最好用水制火以存金。或用土洩火來生金。最怕木火都旺，而讓金更消熔。

金在四季中的性質

春金

春季一、二、三月，金囚於春，為次衰之狀況。

春月之金，餘寒未盡，必須有火氣溫暖而滋潤，才為有用之金。春金性柔質弱，必須有土來輔助滋生，並且適宜有濕土生金。再有一點火來溫暖則更佳。倘若有同類的金來相助生旺那是最好的了。

春金最怕水多而金寒。春天金氣微弱，不堪水來盜氣。並且初春餘寒未盡，水多會更增加其寒氣。春金也怕木多。木為金之財。木旺乘權，衰金不足以剋之，反被其困，因此木盛則金折，惟有用同類的金和稍許的火來相制，使命格配合中和，才能成為好命格。

夏金

夏季四、五、六月，金死於夏，為最衰之時。

夏月之金，被火熔軟，形狀和質地都沒有固定，更為柔弱，並且在死絕之位。雖然長生於巳，但巳宮有火土燥烈，不能生金。因此為形質未具而柔弱了。倘若命局是夏金為體的人，年、日、時支上再臨金的死絕之位。便更難找出可用之用神。

事實上，夏金是火多不懼、水盛而呈祥的。因巳、午、未月都支用暗藏有土，有土相隔，火便不會熔金了。有水則可制火潤土來生金。倘若有木破土助火，則會剋金。火即是金的鬼官（亦稱七殺）。

柔弱之金喜薄土生助，並遇同類金相扶持生旺。厚土則有埋金之慮。有水潤土生金是最好的格局了。

秋金

秋季七、八、九月是金當權得令的時候。秋氣肅殺，金有剛硬之性。若有火來鍛鍊，可以成為鐘鼎之材。強金得水，可挫其銳利鋒刃。金氣旺就得用水來洩，這樣才可金清水秀，使命格格局增貴增富。秋金逢木，則可雕琢砍削而施威逞才。

秋金不可再有金助，否則過於剛硬必折損，必須有火剋或水洩，使其不得過剛。倘若四柱土多，再生金，其人會更為頑濁。

冬金

冬天十、十一、十二月的金，旺氣已過為過氣洩弱的金。冬天嚴寒，故金形性寒冷。因冬金為弱金，命局四柱木多時，卻無法加以雕琢削製成有用之物。水多金又會沈。因此必須用火來助土，用土來制水，土再生金為佳。最好有多個金在干支上來聚氣相扶，再加以火土溫養為最好的格局了。

庚金與辛金的分別

金分兩種：一種是庚金。一種是辛金。

庚金帶殺氣，屬於剛健之類的特性。無堅不摧。用物品來形容它，就像刀劍、兵戟之類的東西。庚金得壬水以洩其氣，而金白水清，使金的精神顯露。以丁火冶煉庚金，則可使其銳利無比。因此庚不離丁。

庚金若在春夏為休囚之期，喜有土來扶助。若遇四柱支上丑、辰濕土，則土潤而生金。逢戌、未燥土，金的質地會因土乾而脆裂。

庚金能砍伐極堅硬的甲木，庚能剋甲。但是與柔弱的乙木，卻相合有情，庚遇乙，反而失去了鋒利的作用了。

辛金是軟弱溫潤的金，雖然也屬本性肅殺的金體。但是其氣勢已衰竭、緩和。若用物件來形容它。辛金則好比女人頭上所戴的珠寶首飾、釵釧之類的金。

辛金喜歡有水，金水澄清，命格清秀，為上格。但是水也不能多，否則有沈金之患。辛金雖弱，能制乙木，但不剋己土，而能扶助己土。己土被比喻為土穀之神社稷，故又稱辛金能扶社稷。辛金又能和炎威肆虐的丙火相合，緩和丙火的氣燄，故又稱辛金能救生靈。夏日火多，有己土能晦火存金。冬日則喜歡有丁火來暖水養金。

如何選取喜用神

木

『木』原是東方陽氣散了以後，泄而生風，風又生了木。因此在卦象上，木屬少陽。是騰空而上不會停止的。

木的體性是陽中含有陰的特性。因此會枝葉生長繁榮向外發展，而木本身內裡是空虛的。木的本質是柔和的。在天干上木的代表是甲、乙。在地支上木的代表是寅、卯。甲、乙兩種木體性上不相同。甲木是高大喬木。乙木是花卉蔓藤之木。

木藏於寅、卯、辰、亥、未等人元支用之中。木為水所生，木能生火。木能剋土。但為金所剋。

日主為木的命局，命局會因日主的強弱而分成六類。

①**日主爲強木時：**因月令為春木當令，或四柱中干支上所出現的木多，

而使日主變為強木。

此時最好用土來分散木的力量或用金來砍鑿成材。或用丙火來溫暖吐秀。最害怕水又生木，使木更增多加重。

②**日主爲弱木時：**因命局所生之月令，剛好處於木衰之月份，或者是四柱干支上所出現的木太少，而使日主成為弱木。

此時最好用水生木。或是支上形成卯亥未木局。亦或是有寅卯辰支類東方。要有相同的木在人元支用中來支援生助日主的木。此時最害怕有土來分散力量。或是有金來剋木。或是有火來洩木之氣。

③**日主爲浮木時：**因命局四柱中水多，故成漂浮之木。此時希望有土制水。害怕有金再生水，更是無法收拾。

④**日主爲焚木時：**因命局四柱中火多，或支上形成寅午戌火局，再有丙火出干，易成焚木。此時希望有水剋火。或用土洩火。最害怕再有木來幫助火勢。也怕火更繼續的旺烈。

如何選取喜用神

⑤ **日主爲折木時：**因命局四柱中土多，也易使木折損。此時希望有水生木。害怕土更加重。

⑥ **日主爲斷木時：**因命局四柱中金多而太剛硬易斷。此時希望有火制金而存木。害怕土再生金。或是金更多，更增加其堅銳。

木在四季中的性質

春木

春季一、二、三月，木旺於春。春月之木，餘寒猶存，喜火溫暖，有舒暢之美。藉水資扶，則無根葉枯槁之患。因此以水火二物資助為佳。

春木害怕金重傷剋，或是土多而木折，因此用薄土生木最佳。

如何選取喜用神

夏木

夏季四、五、六月為火旺之時，木都有枯槁現象。夏季木植死令，必須要水多，才能滋潤夏木。倘若命局為木旺火多，無水制火的時候，可以用一點薄土洩火生財。夏木需水，亦要一點金來生水為用。

夏木最害怕火旺遭焚，亦怕土多遭災，還怕金多、煞多、刑剋、遭傷殘。命局中同類的木太多，也無法找到好的用神。

秋木

秋天七、八、九月，木氣漸淒涼，形漸凋敗。初秋之時，火氣未除，喜歡水土相互滋生，用以潤木和培木。木至申宮，其氣已絕，逢金水，煞印相資為『絕處逢生格』。最怕無土而根基不堅固。

仲秋時，殘枝敗葉必須剪除，必須得金來修削為可用之材。此時為死木得金而造。霜降以後，水多而木漂。寒露節以後又必須有火溫暖。寒木怕水多，要以土培木，以火溫暖，才可成為有用之木。

屬於秋木的命局，最喜歡四柱有多個木，木多有多材之美。更要有土，稱做『身旺煞高』有制，為上等命格。土為木之財，土厚，秋木為衰木，無力剋土，為『財多身弱』。

秋木最怕火多會招焚木，土厚會多災。金多又亦遭傷殘。木多又為無用。

冬木

冬木盤屈在地。要用厚土來培養，火來溫暖。水多時，冬木成凍木，反生為剋，水盛而忘形。冬天金氣洩於水，不能剋木。木氣在地，亦不受剋，因此金多亦不受剋。冬木為歸根復命之時，四柱木多或木少都是病，木多時要用金來裁抑。木少時，要用水來生木。日支、時支支臨東南木火生旺之地，生旺則吉。若臨西北死絕之地則凶。

甲木與乙木的分別

木分兩種：一種是甲木。一種是乙木。

甲木為參天之木，亦為陽和之氣進氣之木。脫離胎養之位，必須靠火。

初春木嫩，不宜金剋。仲春木老，金不能剋，故春不容金。秋天木氣休囚，金神秉令，金旺土虛，不能培木，反而生金剋木，因此秋不容木。三夏時節，日主是甲辰的人，或生年為龍年的人，支聚巳午未支類南方，或支上有寅、午、戌會火局的人，日主宜坐『辰』上，辰為濕土，能培木洩火。

日主是甲寅的人，或生年為虎年（寅）的人，生於冬季，支聚亥子丑北方，或支上有申子辰會水局的人，日支甲木宜坐於『寅』上。寅為木臨官之地，最旺。並且其中藏有火土，可納水之氣，又可暖木。因此『火燥坐辰』、『水蕩坐寅』。天元、地元中和為『天和地潤』，甲木能生旺，為仁壽之象。

乙木是柔弱的草木花卉之類。亦為清和之氣，是一種退氣的木。必須風和日麗，才會搖曳生姿。

乙木雖柔弱，但對己未、己丑之土，可以剋之。稱之『刲羊解牛』。未是羊。丑是牛。未是木庫，丑為濕土。二者皆能培木之根。乙木本性即為退氣之木，生於秋天，外觀凋殘，即使剋制過頭，亦無害處。因此在申、酉秋月，金神秉令時，只要有丙、丁，也不怕亥、子、丑等虛濕之地。此現象稱之『跨鳳乘猴』。

冬季所生的乙木之人，即使支上有午，也不足以助其生發榮茂。必須支上有『寅』或『巳』才行。或者是天干有甲，地支有寅，稱為『藤蘿繫甲』。此命格的格局就像一種叫做『蔦蘿』的藤蔓，會纏繞依附松柏等喬木，賴以為生一樣。所以日主乙木見到四柱干上有甲木，氣就轉為生旺，而改變其原來柔弱的本性。故而說乙木可春可秋，四時可行。

具有『藤蘿繫甲』命格格局的人，多半依附他人而享富貴。

如何選取喜用神

水

『水』原是北方陰極而生寒，寒而生水。因此在卦象上水屬太陰，有潤下的特性。

水的體性是積陰之寒氣，久了之後成為水。水雖為陰性的物體，但其中含陽，因水的體質是透明的。並且有往下沈潛的本質。水在天干上的代表是壬、癸。在地支上的代表是亥、子。壬、癸兩種水在本質上有所不同。壬水是汪洋大海之水。癸水是雨露之水。

水藏於亥、子、丑、辰、申等的人元支用之中。水為金所生。水可以生木。水為土所剋。水可以剋火。

日主為水的命局，命局會因日主的強弱而分成六類。

① **日主屬強水時：**因月令為冬水當令，或四柱干支上所出現的水多，而使日主變為強水。

此時最好用火來剋制水的力量，使其分散力量。用戊土做堤防，阻止其泛濫成災，或用木來洩其氣，使水氣減弱中和一下。此時最怕再有金來生水，使水更加重加多，而有災禍。

② **日主爲弱水時：**因命局所生之月令，剛好處於水弱之時的月份，或者是四柱干支上所出現的水太少，而使日主成為弱水。

③ **日主爲滯水時：**因命局四柱上金太多而水停滯多生。此時要用火來剋去金。使其不再生水。最怕有土生金，金又生水，問題會更嚴重。

④ **日主爲縮水時：**因命局四柱上木太多，而木洩水之氣而縮。此時最好有火來洩木或用金制木。最怕有水生木，使木更繁茂而不吉。

⑤ **日主爲沸水時：**因命局四柱上火太多，使水生沸。此時最好有金生水，清涼相助。最怕有火更加重水沸騰乾涸。

⑥ **日主爲淤水時：**因命局四柱上土多，而使之淤塞。此時最好用木剋土來存水。或用金洩土而生水。此時最怕有火來助土，會更淤塞不吉。

水在四季中的性質

春水

春天一、二、三月，水休於春，水至春天為病死、墓地。旺氣剛退，水多則泛濫，水少則枯竭，散漫無源。若四柱再有水助，有崩堤之憂。因此喜歡土多。土多則無泛濫之憂了。並有木，則施功可期。喜歡金來生扶水，但不宜多。喜歡火來暖水，也不宜多。

春水最怕是水多堤崩之勢，也怕火多剋水。

因此春水，得金生扶，則源遠流長。土多則水濁。丙壬不相離，壬得丙照，春天的江湖之水得到太陽光的照射，稱之為『春江水暖』。火旺則水乾涸，必須以比劫為救。水生於春，為『水木真傷官』格。水少則洩氣，必以印劫為救。水盛則木浮，以土培根，火暖其氣，才有『水木清華』之象。因此『水木傷官格』，要用財官為用神。

夏水

水到夏季，氣勢衰絕，夏水值囚令。本性靜止，因在乾涸之際，故而要用同類的水來幫扶。更希望有金來生水相助。最怕再遇火旺而逼乾水。也怕木來盜其水氣，使其消損。更怕土太多、太厚，使水淤塞或乾涸。

秋水

秋天之水，值相令，母旺子相，內外晶瑩透明。秋天為金神秉令之時，有壬水長生，稱為母旺子相。

秋水若再得金助，可清澄可人。『金白水清』而主貴。若逢土旺則會混濁。壬水一定要用戊土才能剋制。戊土為堤防，以阻壬水泛濫。己土不能剋壬水，只能與水相混成泥，故稱混濁。

火為水之財，木為水之食傷。秋水旺相，火再多亦能剋之，因此火多而財盛。金水旺，則喜洩其秀氣，因此木盛則子榮。

冬水

冬水值旺令，嚴寒冷酷，為冬水之本性。遇火則可增暖。木盛，用木洩水，稱之有情。土太多會乾涸，水泛濫時才喜用土來做堤防。

因此冬水雖旺，不能只以官煞（戊己）為用神。命格中水冷金寒，反而成為無義之人。冬水只有用財生官（火生土）為上格，這是必須調節氣候的原因。

壬水與癸水的分別

水分兩種：一種是壬水。一種是癸水。

壬水為外柔內剛，是三冬酷寒之氣，逐步向旺。冬天如堅冰，溶解後如湍流，有冲奔之勢，奔流不息。因此用江湖、大海來形容它。

『水與火』即是天地中的陰陽二氣。天地之德就是水火之用。倘若日主壬水的人，支上有亥、申、子、辰，則為通根。天干若再有壬癸，則有冲天奔地之勢。一定要有『戊戌』這種高亢之土，才能築堤把水納入正軌的河道之中，也一定要有『甲寅』這種陽和之木，才能洩水之旺氣。

壬水見丙火，為『日照江湖』，可以相映增輝。壬水見木火，可以相合助火。丁壬相合化火。生於巳午未月，四柱上無金水的人，命局為火旺，則為『從火格』。亦稱『從財格』。命局為土旺的人，則為『從土格』。亦稱『從煞格』。此兩種格式都會失去原來本性，只為了要調和陰陽，有潤澤之意罷了。

癸水為至柔衰退之水。好比雨露、霜雪，其作用只是潤澤而已。癸水為退氣之水，弱而不弱，喜歡有庚辛金來生之，以及有壬水比劫相助。否則是無法剋洩戊、己土，和丙、丁火的。

癸水可合戊化火。但必須支上有『辰』字，化氣才真。辰中支用有戊土，為化氣土之元神。癸為弱水，戊為燥土，生於春夏之時，干上沒有壬水之助，支上又無申、亥、子等水之源，滴水乾涸、消散，因此癸必會與戊合而化火。生於秋冬金水的旺地，則不易化火。日主為癸水，四柱必有『丙辰』，為化氣之原神出干，稱做『化象斯真』，才為真的『

化氣格』。

火

『火』原是南方陽極之氣而生熱，熱而生火，因此在卦象之上屬太陽，有向上炎燒的現象。

火的體性是積存陽的熱氣，而生的火。火雖為陽，但有陰氣在其中，因此火的形體是內暗外明的樣子。火的本質是熾熱的。在天干上的代表是丙、丁。在地支上的代表是巳、午。丙、丁兩種火性質不一樣。丙火是太陽。丁火是爐中之火，或是燈燭之火。

火藏於巳、午、未、寅、戌等人元支用之中。火為木所生，火能生土。火為水所剋。火能剋金。

日主為火的命局，命局會因日主的強弱而分成六類。

① **日主爲強火時：**因月令為夏火當令，或是四柱干支上所出現的火多，而使日主變為強火。

此時最好用金來分散火的力量。用水滋潤濟助。或用土來制火洩秀。最怕再有木來生火，使火更加重。

②**日主爲弱火時：**因命局所生之月令，剛好處於火衰之時，例如冬月。或者命局四柱干支上所出現的火太少。而使日主成為弱火。

此時最好用木來生火。或用同類的火來相助，例如支上有寅午戌會火局。或有巳午未支類南方之類的來相助。

③**日主爲熾火時：**因命局四柱上的木太多，而日主容易成為熾火。此時最好有金來剋制木，使木不再生火。最怕有水助木生長，而木再助火旺。

④**日主爲晦火時：**因命局四柱上的土太多，而掩蓋了火苗。使日主變為晦火。此時最好有金來洩土。或是有木來疏土。最怕火再生土，使土堅硬厚重而晦火了。

⑤**日主爲熄火時：**因命局柱上的金太多，使火被金滅。此時最好有木來

生火。最怕有金更多，加重熄火。

⑥**日主爲滅火時：**因命局四柱上的水太多，而使火被滅息。此時最好有土來制水而存火。或用木洩水生火。此時最怕有金來助水，使水更旺盛，則火不能救了。

火在四季中的性質

春火

春天之火，母旺子相，勢力並行，火生於寅，寅宮有甲木當旺，丙火長生，因此甲木會輔助丙火。甲木與丙火是同時並行的旺氣。

春火喜歡有木來生扶助旺，但不宜過旺。過旺則太炎熱。木少則火明，木多則火塞。春火最好有水來調濟滋潤。若水太多，木無法洩之，就必須用土來制水。因此春火用食傷制煞（用土制水）不是好的格局。

春火若遇土盛則會阻塞晦滅火的光輝。火太多也會燥烈而受傷。丙火不畏壬水。獨獨畏懼戊土，即使火旺成方為巳午未南方或寅午戌會火局，也只適合有一、二點溼土才為有益於命局。

春火剋金之力，游刃有餘，故金多不能困火。四柱縱然金多，財為我用，必為大富之格。

夏火

夏天之火，為火旺當令之時，秉令乘權。夏火喜煞（金水）來剋，忌印（甲乙木）來助。有水制火，則免自焚。有木助火，必招夭折。

夏火遇金多時，可將金入洪爐，冶鎔成器具，成為有用之物。因此有『火長夏天金疊疊』之格局，必為鉅富。

夏火遇土洩火之氣，可成『稼穡格』。但不論用金、用土，都必須有水配合，若逢大雨即時，則為上等格局。更適合有溼土來洩火潤金，就可做成有用之器具。不然火旺金熔，或木助而傾危之事，都是因無水而發生的。

秋火

秋天之火，當旺時期已經過了，乘時休息，就好像日落黃昏時，已經沒有炎威之力了。

秋火得木來生，可助火旺，火又有復明的現象。秋火怕遇水剋，會熄滅。因此丙臨申位逢陽水，難獲延年。但是有木相救則可化剋為生。秋火氣勢衰退，土重則晦其光。秋季金旺秉令，不是衰火所能剋制的，一定要有同類的丙、丁火比劫來增加其旺力，才能用土（食傷）或用財（庚辛金）。並且，只要有同類的丙、丁火來相助是一定有利的。

冬火

火在亥宮為絕地，在子、丑兩宮為醞釀的時期，氣勢衰絕，形體亦亡。

冬火要用木來生火為救助要點。冬火遇木為『絕處逢生』。若遇旺水剋衰火，無木為救，必有災害。因此冬火是離不開『木』來生助的。

冬天為水值旺令之時，見火必剋，因此用木生火，更須要有土來制水。還要有丙、丁火來相助，才能溫木衛火。四柱有庚金，冬金雖也衰弱，冬火仍無法剋金。反而造成身弱，而受其困。再加以水正值旺令。會得金助再生水來逼火。因此金多反遭其害。

冬至以後一陽來復（指十一月），地氣上升，等到二陽（十二月）進氣，冬火又可侮雪欺霜，使霜雪溶化，因此十二月的丙火，再遇干上有丙、丁火同類，或支上有寅午戌會火局，或是支上有巳、午、未支類南方，來相助的，反而做日主生旺而論。

丙火與丁火的分別

火分兩種：一種是丙火。一種是丁火。

丙火是猛烈的火，是剛生之火，如同太陽，具有純陽之特性。丙火不畏水剋。見壬水，如日照江湖，分外晶瑩光亮。因此日主丙火專用壬水以取貴命。丙火見癸水，如日照霜雪，很快的消溶。丙火亦能煅製堅硬的庚金，使之成為有用之器具。

辛金是柔弱的金，與丙相合後，偏向求財而失大志，反而成為怯弱之人。命格四柱中土太多，會洩丙火之氣，晦暗丙火的光輝，戊土是最易晦丙、洩丙的土。己土因是濕土，還可有溼潤之意。

日主丙火，而四柱土太多的人，會失去威猛性格，而較慈善。四柱水多的人，火剋不了水，此人就會顯出陽剛之氣節。倘若生於寅、午、戌月，支上又有寅午戌會火局，而又有甲木出干，使命局一片火旺之勢的人，是無節行操守的人，必會自食惡果。

丁火為退氣之火，旺而不烈 如同爐火一般，雖衰而不致熄滅。又如同燈燭，外觀明亮，內在氣已竭盡。

丁火能制庚辛金護衛乙木。故稱『抱乙而孝』。也稱乙為丁之母。丁壬相合，合官為貴。故又稱丁『合壬而忠』。丁火在四、五月值乘旺之時，不會有炎威，稱為旺而不烈。在七、八月值病死之時，也不會熄滅。

如果日主為丁火之人，在四柱干上有甲木，秋天生的人不怕有金來剋。若支上有寅木的人，冬月生的人則不怕水多。

如何選取喜用神

土

『土』原是在中央處有陰陽相交時而產生的濕氣，濕氣生成土。因此在卦象上土是無常性的。要看春夏秋冬四季所乘旺當令的主神是什麼而定。陰陽相濟配合，怕太多，亦怕不足。

土的體性是包含陰、陽、濕、燥四種東西，所以土的外觀能有虛和實兩種狀況存在。大致上土的本質是散狀，必須將其聚實成形才行的。在天干上的代表是戊、己。在地支上土的代表是辰、戌、丑、未。戊、己兩種土在形狀與性質上都有不同。戊土是乾燥的土。己土為濕土。

土藏於辰、戌、丑、未、巳、午、寅、申等人元支用之中。土為火所生。土能生金。土為木所剋，土能剋水。

日主為土的命局，命局會因日主的強弱而分成六類。

① **日主爲強土時：**因月令為辰、戌、丑、未土當令之時，或四柱干支上所出現的土多，而使日主變為強土。

此時最好用水來分力。用木疏土，或用金洩土之秀氣。此時最怕再有火來生土，或使土更加重。

② **日主爲弱土時：**因命局所生之月令，剛好處於土衰之月份，或者是四柱干支上所出現的土太少，而使日主成為弱土。此時最好有火生土。或再有土來相助。此時最怕有水來分力。或有木來剋土。或是有金來洩土之氣。

③ **日主爲焦土時：**因命局四柱火太多，而成為焦土。最好有水來制火。最怕有木來生火。火炎土更焦，人更無用。

④ **日主爲硬土時：**因命局四柱金太多，而成硬土。此時最好用火制金。或用水洩金。最怕再有土生金，使金更堅實剛硬，也會使土變成更硬之土。

⑤ **日主爲流土時：**因命局四柱中水太多，水多亦使土石流散。此時最好用火生土。害怕還有水來加重土的流失。

⑥ **日主爲傾土時：**因命局四柱中木太多，木太多，土不豐時便會傾倒。此時最好有金來制木而存土。或是有火洩木而生土。

最怕再有水來生木，使木更繁盛增多。

土在四季中的性質

春土

土無專旺之時，土生於寅、申，得祿於巳、午。寄旺於辰、戌、丑、未，即所謂『居於中央而寄四隅』。但是春天為木主旺之時，則土弱。因此雖寄附火生在寅，但是住於寅宮的土是較弱的，故而春土的氣勢為虛浮之氣。

春土喜歡有火來生扶。春天因木氣秉令，得火則化剋為生，因此春土中有『煞印相生』格。如果沒有火生土來扶助衰土，再遇旺木，土一定會傾蹋、歪陷下來。

春土見水為財。水旺土必潰散無用。因此必須要有同類的土來相助，增加土厚築堤，制水則可成功。倘若土太旺，則必須用金來洩土氣。春土是弱土、薄土，已無法洩了，只是取旺木會剋土的原故，以金來剋木罷了。但是以金來制木，金不能多，多了就會盜洩土氣，使日主為土的人受損。

夏土

夏天四、五、六月之土與火勢並行，火旺則土旺。夏天為火旺之時，因此也為土旺之地。夏土性質燥烈，有旺水來滋潤，正是土潤溽暑，大雨即時，草木因而茂盛，稱做『滋潤成功』。倘若火旺無水。則田地焦旱，草木枯槁，因此要用水做用神。以火為忌神。害怕火再生土，危害草木生機。

雖然木能生火，但是日主為夏土的人，四柱中若有水，也不會危害到命局。因土得水，『水火相資』之故。並且有水了之後，木不生火而剋土，故而土太旺，反而要用木做用神。

夏土不能生金，因此不能談『洩』。若水在絕地有金來生之，則水會源源不斷。水為土之財，也是妻財。夏天是土最旺的時候，無須再有土來相助，若是土太多、太旺，運氣則會蹇塞不通。要以木疏土，以損為益為原則。但用木剋土，必須有水來配合，不然，不能剋木，反而木助火焰為害日主。

秋土

秋天七、八、九月是金神秉令的時候，因土生金，故土為金之母。金旺的時候，土氣就會衰退。稱做『子旺母衰』。命局四柱上金太多時，就會消耗盜竊了土的氣。木在秋天值休囚之氣，金太旺，木必受制於金，而無力剋土，不足為害土，故稱秋土為性質純良。

秋土性質虛寒，秋土不能離火。若有旺金，必須以火相制。衰木也會得火而焚化，因此秋土遇到四柱上有重重的火，是非常好的事。

秋土遇到四柱上有多個水，見水泛濫，因此不吉。必須得到同類的土來相助，弱土才能得到生扶而制水。但是在霜降以後，土則變旺了，因為此時是九月，戌宮有火會生土，因此沒有同類的土，也自己就已生旺，若又有同類的土來相助，又嫌土太多，又必須再找木來疏土了。

冬土

冬季十月、十一月、十二月天寒地凍，冬土要有火才會溫暖，萬物才會有生機，此現象稱做『寒谷回春』。

日主為冬土的人，四柱必須有火溫暖，才會繁榮主貴。四柱上有多個木，有火來引化，不會產生害處。水為土之財，四柱水旺的人，財豐。四柱金多的人，有子秀麗可人。若四柱再有土來相助，也是最好的格局。

但是倘若日主為冬土的人，四柱沒有火來生土，溫暖土，土性則會寒冷，四柱水多的時候會潰濫成災。金多的時候，使土性虛浮。木多的時候，使土崩裂，即使有多個土來相助，亦是凍土，沒有用處。因此冬土非得『火』不行。日主冬土的用神就是『火』。

戊土與己土的分別

土分兩種：一種是戊土。一種是己土。

戊土為生旺進氣的土，是混凝厚重的土。被比喻做可做堤防、高阜

如何選取喜用神

的土。戊土高亢固重。得到水的滋潤，萬物就賴以生之。若戊土焦燥無水，植物就會枯槁生病。

戊土在秋冬的時候，需要火的溫暖，土暖萬物得以生長。冬天的戊土若潮濕，萬物就會生病，這和春夏的戊土需要得到水來滋潤是不一樣的。春夏的戊土，有水萬物才會生長，乾燥時萬物會枯槁生病。

卦象艮、坤二位即是指寅、申二地。土附火生於寅。土附水生於申。艮坤為土之長生之地，而非土之旺地，四生之地皆忌冲動。土也怕冲和動。因此戊土在寅、申二地需要靜守，不宜被冲，否則不是佳命。

己土為退氣衰竭之土，其性消極，稱做『卑濕』之土，或『蓄藏』之土。己土能培養木之根，而不怕木剋。己土能隨水同流，混濁壬水，而不能止水。己土能洩火之氣，火多時有用，火少時會晦火之光。己土能潤金、生金，而不致於把金給埋沒。以上都是己土的好處。

但是若要滋生萬物，在命局中發生較大作用，則需要用丙火去掉己土的卑濕之氣，或用戊土助其生長之力，才能把消極轉為積極，成為一個好的、有用之人的命格。

第五節　日主旺弱的看法

在以八字四柱來論命的方法中，以『日主』為主要的主角。『日主』就是四柱中日柱的日干。在論命時，我們將『日主』稱為『我』，也稱為『身』。故有時文章中會稱『我強』、『我弱』，或是『身強』、『身弱』。都是說的是『日主』的強弱。

日主的強弱關係著整個命局的格局和命理型式，以及命局的好壞、人命運的好壞，因此關係影響非常巨大。不過身強也並不一定全是好命格，身弱也不一定全是不好的命格，這完全要看命局中有沒有得力的喜用神和命局中干支間彼此陰陽生剋的配合條件而定。

看身強、身弱是整個論命及選取喜用神的關鍵入口，因此不得不在此詳加贅敘。

如何選取喜用神

如何稱日主強、身強

日主強、身強的條件：

①命局中，日主的生月必須是秉令或旺相之月。例如火旺於夏，丙火生巳月，即是身旺、日主旺。水旺於冬，壬水生於亥月，即是身旺。

②命局中，在四柱中的干支上，有相生日主的，或是與日主同類的字多，會幫忙、扶助日主生旺的，日主就會強，即身強。例如年干支、月干支、時干支中有多個與日主相同屬性的，例如日主甲木，在年、月、時上有多個甲或乙字便能幫扶日主身旺。

又例如日主甲木或乙木，四柱支上有卯亥未會木局，或寅午戌會火局。木局與甲、乙木同類，火局能使木生旺，也能助身，而身旺。

③支上得氣。在命局中，如果日主是壬水，又生於亥年，子月，申時，亥中有壬祿，子中有癸祿，申中為壬水長生之地。支上都得水之旺氣，故為身強、日主強。

如何選取喜用神

日主強的等級之分：

①**最強**：日主的生月，剛好是秉令得時的時候，命局四柱中又有同類和相生的干支來幫扶。這是第一等強旺的日主為身強了。

②**次強**：日主的生月不秉令，甚至月令為衰退之氣，稱為失令。但仍有同類或相生的干或支來幫扶，這是次強的日主。

③**稍強**：日主的生月不秉令，甚至失令，干上又無同類幫扶。但是支上得氣，或是有會局、方局來助旺。為稍強的日主。

日主強、身強在命局中所應注意的問題：

日主強、身強的命格，需要被抑制，不可再生扶。因此需要干支上的五行之氣來剋『我』、制『我』。而需要有干支支用來洩我之氣。或是被分散一些氣。亦或是使『我』之本氣氣衰一點。因為身太強，容易折損。對整個命局也不利。

日主強、身強時特忌再有同類或相生的五行干支來生扶。也忌諱氣盛，若在支上又有同類的干支支用來支援，而氣盛，則使日主更強，身更強，同樣還是容易折損不吉的。

凡是命理都以中和、陰陽滋潤、調濟為上等格局，凡是不足或太過強盛都是不好的格局。

如何稱日主弱、身弱

日主弱、身弱的條件：

① 在命局中，日主的生月為失令衰弱或五行死絕之位的月份。例如：木生於秋，水生於春、夏，都是身弱。

② 在命局之中，四柱干支上的人元或支用對日主多剋洩，使日主病弱不堪，也是身弱、日主弱。例如日主甲、乙木，而命局支上有巳、酉、丑會成全局的，即是。

③ 支上無氣。在命局中，如果日主是壬水，而生於巳年、午日、戌時。年、日、時的支上都是火氣，而沒有支應，幫助壬水的氣，為支上無氣，故為身弱、日主弱。

日主弱的等級之分：

① **最弱**：日主的失令，或在病、死絕的五行之位。四柱上的干支又對日

如何選取喜用神

主多剋洩之事，使日主衰弱不堪，為身弱最弱的等級。

②**次弱**：日主的生月還在秉令、當令之月，而只有四柱中其他的干支對日主造成剋洩的問題，為次弱的身弱。

③**稍弱**：日主的生月秉令，四柱上並無剋洩之事，但是年、日、時支上無氣、氣弱。此為稍弱的身弱，此時用神多半在天干上。

日主弱、身弱所應注意的問題：

日主弱、身弱的命格，需要有同類或相生的干支來幫扶，不可再有剋制、壓抑的支神。因此喜歡能生日主、能援救日主，或是和日主同類氣盛的幫手，來幫助日主身旺一點。相對的，會來剋害日主，來洩日主之氣、分散日主精神、使日主氣衰的都是忌神。不吉。要避免之。

紫微星曜專論

此書為法雲居士重要著作之一，主要論述紫微斗數中的科學觀點，在大宇宙中，天文科學中的星和紫微斗數中的星曜實則只是中西名稱不一樣，全數皆為真實存在的事實。

在紫微命理中的星曜，各自代表不同的意義，在不同的宮位也有不同的意義，旺弱不同也有不同的意義。在此書中讀者可從法雲居士清晰的規劃與解釋中對每一顆紫微斗數中的星曜有清楚確切的瞭解，因此而能對命理有更深一層的認識和判斷。

此書為法雲居士教授紫微斗數之講義資料，更可為誓願學習紫微命理者之最佳教科書。

第五章

會、合、化、沖、刑

會、合、化、沖、刑都是論命局時，所使用的方法術語。我們必須先瞭解這些術語的用法，才能進入論命的殿堂。

第五章 會、合、化、沖、刑

1.天干五合

天干五合出自河圖，稱之為一六共宗。二七同道。三八為朋。四九為友。五十同途。故甲己相合、乙庚相合、丙辛相合、丁壬相合、戊癸相合。

相合之義，如同夫妻配偶。甲己相合，是甲以己為妻，己以甲為夫。乙庚相合，是乙以庚為夫。庚以乙為妻。彼此相配合，有情之故。

陽干得陰干來合，為福較慢。而陰干得陽干來合，為福較快。並且須要有貴人相助，才有用。合局有沖、破、刑傷、剋害為不吉。

合中有吉格，君臣慶會、夫妻聚會

干合最好支也合，如果是甲戌與己卯，甲辰與己酉彼此干支相合，稱為君臣慶會。若是甲子與己丑、甲午與己未相合，稱之為夫妻聚會。

都是非常好的格局，主貴。

合中有轉角進化、轉角退化

轉角進化：天干相合中，支上有『辰』字，四角相連。例如四柱中有日主為甲辰，時柱為己巳的，會有大成就與富貴。四角相連即是支上有辰巳午未相連的八字。

轉角退化：天干相合中，支上有『辰』字，四角逆向相連。例如日主甲午，時柱為己巳。支上是午巳辰，呈反方向相連。這種狀況在日與時上遇到，成就與富貴都會變晚才到來。年運遇到也會減少好運。

2.相合、暗合

干與干相遇而合的為明合。地支所藏人元支用相遇而合的為暗合。例如子巳相合。子中癸水得祿，而巳中戊土得祿，子巳之中所含支用戊癸相合。因此子巳也相合。

寅丑或寅未相合。寅中之甲木和丑中之己土。寅中之甲木和未中之己土，彼此相合，故寅丑相合，寅未也相合。

辰子或戌子相合。辰中之戊土和子中之癸水相合。戌中之戊土和子中之癸水相合。故辰子或戌子相合。

巳丑相合。巳中之丙火和丑中之辛金，丙辛相合。巳中之戊土和丑中之癸水相合。（但是若支上有巳酉丑會金局，以會局為大，故不以合論）

午亥相合。午中有丁火和亥中之壬水，丁壬相合。午中之己土和亥中之甲木，甲己相合。

※命格中以相合多的為最好之命格。凡是有兩支相合，則氣勢團結，成為極佳之命局。

3. 地支六合

子丑合，化土。寅亥合，化木。卯戌合，化火。

辰酉合，化金。巳申合，化水。午未合，化火。

4. 三合會局

申子辰會水局。巳酉丑會金局。

寅午戌會火局。卯未亥會木局。

5. 地支四方

寅卯辰支類東方，代表春天。巳午未支類南方，代表夏天。

申酉戌支類西方，代表秋天。亥子丑支類北方，代表冬天。

6. 方與局不相同之處

方與局根本不相同。方之氣盛，如寅卯辰東方，木氣最盛。局之氣專，申子辰專以子水為重。

方得兩支，如寅卯，不能成方。一定要寅卯辰三位都有在四柱支上，連成一氣，才可稱方。

局得兩支，為半會局，仍可以用，如申子辰水局中有申辰或子辰在四柱支上仍可稱會水局。

方與局皆以子午卯酉為中心。如申子辰水局以子為中心，子為三支中人元最旺的一支。若四柱支上無子，只有申辰會局，就會比申子會局、子辰會局，情勢較弱。

7. 地支六沖

子午沖。丑未沖。寅申沖。卯酉沖。辰戌沖。巳亥沖。

子午、巳亥之沖為水剋火。寅申、卯酉之沖為金剋木。辰戌丑未皆為土，同類相沖稱之朋沖。但辰戌丑未之沖比較複雜，必須查明喜用之物是什麼，是否被剋制損傷而定。例如辰中居墓庫之水，可以剋戌中墓庫之火。兩者都在極衰的位置，故可沖剋。戌中居於餘氣之金也可剋辰中居於餘氣之乙木。在丑未之沖中，丑中金水辛癸能剋未中乙丁木火。同時可以為喜神，亦為忌神。因此要小心觀察後再應用。

8.地支三刑

三刑為子卯相刑。寅巳申相刑。丑戌未相刑。辰丑相刑。未辰相刑。戌未相刑。丑戌相刑。子與子自刑。卯與卯自刑。午與午自刑。酉與酉自刑。申亥相刑。亥寅相刑。寅巳相刑。巳申相刑。

9.地支相破

地支相破，只有卯破午、午破酉而已。

10.地支六害

子未相害。丑午相害。寅巳相害。卯辰相害。申亥相害。酉戌相害。

11.五行制化之法——五行生剋及反生剋

五行生剋：

金生水。水生木。木生火。火生土。土生金。

如何選取喜用神

金剋木。木剋土。土剋水。水剋火。火剋金。

命理中尋找『喜用神』最重要之依據方法，便是以五行生剋之法為主。但是在談五行生剋的方法之外，更有反生剋的方法。如：

反生為剋：

如金賴土生。土太多，金則被土所埋。土賴火生，火太多，土則被火燒成焦炭。火賴木生，木太多，火被木塞住壓滅了。木賴水生，水太多，木會漂走了。水賴金生，金太多，水會混濁。這些現象稱之為反生為剋。

反剋為生：

此為前者反生為剋的救助方法。

就是以木能剋土。在土多埋金之命局中，用木疏土，使金得以顯露出來。

以水能剋火。在命局中火多土焦的時候，以水制火，使土潤澤。

以火能剋金。在木多火塞的時候，以金制木，使火可以融融向炎。

以土能剋水。在水多木漂的時候，用土制水，使木賴以為生。

以火能剋金。在金多水濁的時候，用火制金，水可以清澈。

以上都稱為反剋為生。

子旺母衰：

此為我生反為剋我之意。例如金能生水，而水多金沈。水能生木，木盛卻水縮。木能生火，火多木被焚燒掉。火能生土，而土多火會被晦滅。土能生金，而金多土會虛少。這就是我生，反成剋我的意思。

要救助、改善子旺母衰的方法，隨五行而有不同。但主要以比劫相助（同類相助）或是取印制子，來生扶母方的方法。例如：

我生反為剋我：

金能生水，水多金沈，就要以金來助旺原來的金，不能取土制水，使母旺子衰。

水能生木，木盛水縮，就必須以金制木，兼可生水，因此得水之同類比助為佳。

木能生火，火多木焚，則要用水制火，兼以生木，而不可用木來相助，否則會增加火勢，使木焚燒殆盡。

火能生土，土多火晦，則要用木制土，兼以生火。或者用金洩土，而不用火來助土。否則土能將火盡滅了。

土能生金，金多土虛，則要用火制金，兼以生土，有土助是更好。

我生反為生我：

如金能生水，而在火旺金熔的時候，用水制火，才能存金。此為金賴水生。

如水能生木，而在土旺水乾涸的時候，用木疏土，才能存水。此為水賴木生。

如木能生火，而在天寒地凍的時候，有火來生暖，才能生木，此為木賴火生。

如火能生土，而在水勢滔天之時，有土制水，才能存火，此為火賴土生。

如土能生金，而在木旺土虛的時候，有金來制木，才能存土，此為土賴金生。

如何選取喜用神

我剋反為剋我：

金能剋木，木堅金缺。木能剋土，土重木折。土能剋水，水多土蕩。水能剋火，火旺水乾。火能剋金，金多火熄。此為我剋反為剋我。

我剋反為剋我的救助之法：即以比劫來救助，別無他法。例如木堅金缺之命局，必須用金（同類）來相助弱者增旺，別無他法。

正生剋：

金衰遇火，必會銷熔。弱火逢水，必會熄滅。弱水逢土，必會淤塞。弱土逢木，必遭傾斜。弱木逢金，必遭砍折。

反剋為生：

此為前者正生剋的救助之法。例如：金衰遇火。四柱見土，則會洩火之氣，並且能生金。金便不會消熔了。

火弱逢水，四柱有木，洩水之氣，並且可生火。火就不至於熄滅了。

水弱逢土，四柱有金，洩土之氣，並且可生水。水就不會乾涸了。

土弱逢木，四柱有火，洩木之氣，並且可生土。土就會踏實了。

木弱逢金，四柱有水，可洩金之氣，並且可生木。木就可繁茂了。

如何選取喜用神

此為反剋為生的方法。

以洩為剋：

強金遇水會挫其鋒利。強水得木，可洩其水勢。強木得火，可洩其木氣。強火得土，可制止其火焰。強土得金，可化其頑固。（耕鋤之類為金，用鋤挖鬆土質，故稱可化其頑固。）

強金以火為正剋。但是剋制它，不如洩弱它為佳。以洩為剋也是在選取『喜用神』時，最佳的方法之一。

不論是在命理上，或在『喜用神』的選用上，都是對整個命局以『生剋救應』為方法，來完成論命及選取『喜用神』的目標的。

12 何謂八法

八法即生、剋、制、化、會、合、刑、冲八種。

13. 何謂化氣

甲見己合。生於三月，支聚辰戌丑未。干見丙丁，則化土。

丙見辛合。生於亥、子月，支成申子辰水局，或支全亥子丑北方。干見金水，則化水。

戊與癸合。生於巳、午月，支成寅午戌火局，或支全巳午未南方。干見丙丁，則化火。

庚見乙合。生於申、酉、戌月，支成巳酉丑金局，或支全申酉戌西方。干見庚辛則化金。

壬見丁合。生於寅、卯月，支成亥卯未木局，或支全寅卯辰東方。干見甲乙則化木。

合於前列條件的，稱為化氣。

14. 何謂從格

倘若己為日元，干上有甲與己相合，而生於寅、卯月，而月支又成木局，或支類東方寅卯辰，則從木，此為從格。即從旺之意。

又例如：丙辛化水，生於巳、午月，支成火局，或支類巳午未南方，則從火。若是日元為丙火的人，命格為炎上格。日元為辛金的人，才為從格。

15.何謂制化

制即是剋。化即是洩，亦稱引化其氣。

例如日主為戊土，有甲來剋戊土，用庚制甲，稱之為剋。

日主為戊土，有甲來剋戊土，用丙洩甲，稱之為化。剋為煞。丙火能洩甲木而生戊土，化剋為生，故稱之化。

16.何謂『見剋不以剋論』、『見合不以合論』

例如四柱中壬丙都透干，並有甲木也出干，壬水之氣洩於木，水為木所化，反而生火。稱為『見剋而不以剋論』。或者壬丙同出干，壬水剋丙火。若再有戊土出干，壬被戊制不能剋丙，亦稱之。

例如四柱干上，甲己相合，中隔有庚金，則甲被庚制而不能合，或者甲己中間隔有丙、丁火，則甲木為火所化而不能和己相合，稱為『見合而不以合論』。

◎五行之中，以水火為主，水火就是陰陽。因此丙和壬都是別的五行或干支無法剋害的。如果壬水見戊，是堤岸高築，以防其泛濫，並不是以戊土制壬、剋壬。而丙見壬，則如日照江湖，相映成暉，也不是相剋制它。只是丙火見了壬水，炎炎之氣自我內斂而已。

17. 會合、刑沖之要點

會合、刑沖皆出現在支用之中。

在四柱支用裡，支上成會局，比較重要，相合比較次之。相合如遇兩支中有別的字在其中間相隔，則不以合論。例如寅亥相合，寅亥必須在日柱、時柱，或是在月柱、日柱。或是年柱、月柱，相鄰兩支。若一字在年支，一字在日支，中間月支為別的字，便不能相合。

會局為得月令之氣會更旺。而會局只要得二個字便可組成。例如午日生於戌時，或寅年生於午月，便可會成火局。不會因間隔而失效。

刑的意思是『滿招損』為刑。沖為地支相剋為沖。刑與破相併來說，就是四沖。

四沖有(1)寅申巳亥類，稱為生地之沖。
(2)子午卯酉類，稱為敗地之沖。
(3)辰戌丑未類，稱為庫地之沖。又稱朋沖。

◎會局和相合二者，以會局為重。刑沖二者，以沖為重。相合不能解相沖。而相沖可以解相合，使之不能相合。例：寅亥相合見申沖，只論其沖，而不論相合。相沖不能解會局，相沖沖不開會局。而會局可以解沖。例如巳酉會局，見亥來相沖，則只論會局，不言其沖。因此在論命時會局的力量較大，相沖其次，相合更次。

第六章

如何以干支配合六神（十神）定出格局

以干支配合六神定出格局的方法，就是要清算出命局裡五行生剋的比例重量。格局是歸類命局屬性的方法。命局合於格局形式的人皆主富貴。

如何選取喜用神

第六章　如何以干支配合六神定出格局

用神是整個命局的樞紐。從八字四柱中來找用神，通常以日元為主。就是以所生之日的天干為主。以日主的天干和八字中其他七個字之間的生剋關係，來訂出需要的用神。在八字四柱中，其他的七個字，有天元、地元、人元支用，全部排列出來，再將相互的關係用五行生剋的原理加以討論，這個命局的喜忌便立即躍出檯面，用神便可以找出來了。

尋找用神最好也要瞭解命理的格局形式。格局形式是命局的整『體』。格局是尋找用神的先決問題的提出，而解決問題的答案就是『用神』。因此不瞭解問題的內容，是無法找到答案的。故而不知道格局的形態，又如何找到用神呢？是故標出六神，訂出八格格局，就是選取『喜用神』的方法。這也稱做『明體立用』之法。

第一節　何謂六神、十神

整個的命局八字四柱中，以日元（日主）為最重要。日元就是日的天干。以日元這一個字，和八字四柱中其餘七個字的關係，相互發生是生是剋的現象，我們將這些現象以六神（官煞、印綬、財、食傷、比劫）標在四柱上八個字的旁邊，作為提醒我們之用。

官煞分為正官、偏官（七殺）。印綬分為正印、偏印。食傷分為食神、傷官。財分為正財、偏財。比劫分為比肩、劫財，合稱十神。這些資料，讀者必須熟記。並且也要將『天干、地支的陰陽生剋及財官印檢查表』的內容也必須熟記，如此才能在辨生剋、定格局時運用自如。

天干陰陽生剋及財官印檢查表（以日干為主，橫列來看）

日干	傷官	食神	正官	偏官（七殺）	正財	偏財	正印	偏印（梟神）	劫財	比肩
甲	丁	丙	辛	庚	己	戊	癸	壬	乙	甲
乙	丙	丁	庚	辛	戊	己	壬	癸	甲	乙
丙	己	戊	癸	壬	辛	庚	乙	甲	丁	丙
丁	戊	己	壬	癸	庚	辛	甲	乙	丙	丁
戊	辛	庚	乙	甲	癸	壬	丁	丙	己	戊
己	庚	辛	甲	乙	壬	癸	丙	丁	戊	己
庚	癸	壬	丁	丙	乙	甲	己	戊	辛	庚
辛	壬	癸	丙	丁	甲	乙	戊	己	庚	辛
壬	乙	甲	己	戊	丁	丙	辛	庚	癸	壬
癸	甲	乙	戊	己	丙	丁	庚	辛	壬	癸

地支陰陽生剋及財官印檢查表（以日干為主，橫列來看）

日干	傷官	食神	正官	偏官（七殺）	正財	偏財	正印	偏印（梟神）	劫財	比肩
甲	午	巳	酉	申	丑未	辰戌	子	亥	卯	寅
乙	巳	午	申	酉	辰戌	丑未	亥	子	寅	卯
丙	丑未	辰戌	子	亥	酉	申	卯	寅	午	巳
丁	辰戌	丑未	亥	子	申	酉	寅	卯	巳	午
戊	酉	申	卯	寅	子	亥	午	巳	丑未	辰戌
己	申	酉	寅	卯	亥	子	巳	午	辰戌	丑未
庚	子	亥	午	巳	卯	寅	丑未	辰戌	酉	申
辛	亥	子	巳	午	寅	卯	辰戌	丑未	申	酉
壬	卯	寅	丑未	辰戌	午	巳	酉	申	子	亥
癸	寅	卯	辰戌	丑未	巳	午	申	酉	亥	子

如何選取喜用神

十神之意義

㈠**正官**：陽剋陰，陰剋陽為正官。

㈡**偏官**：陽剋陽、陰剋陰為偏官。又名七殺或七煞。

剋我者為官。兩干相剋，喜其生旺，不怕它來剋我的，都稱之為官（管束的意思）。若怕它來剋我的，就必須以印化它，或以食傷來制它。這兩種情形都稱為『煞』。因此偏官稱為煞官，以煞論。天干相距七位則相剋，也稱七煞。

㈢**正印**：陽生陰、陰生陽為正印。

生我者為印綬，分為正印、偏印。日元弱，有印相生，不論偏正皆為可用。日元強時，喜食神洩之。見偏印會奪去食神，稱為倒食或梟印。

倒食**梟**印：日元強，本來要以食神洩之，但日主為陰干，陰干之正印與食神相合，也不會奪去食神，故稱倒食、梟印，只有偏印才有的格局。

例如：日主乙木為陰干，其正印為壬水，食神為丁火，丁壬相合化木，反到有助乙木。

㈣**偏印**：陽生陽，陰生陰為偏印又稱倒食、梟印。

㈤**正財**：陽剋陰、陰剋陽為正財。

㈥**偏財**：陽剋陽、陰剋陰為偏財。

以陽干來說，陽剋陰，兩干必相合，如丙火剋辛金，丙辛相合。這是屬於我自己的財，稱為正財。而丁火剋庚金、陰剋陽，剋不住，不協調，即為他人之財，是為偏財。

㈦**食神**：陽生陽、陰生陰為食神。

㈧**傷官**：陽生陰、陰生陽為傷官。

傷官即為傷害官星之意。陽干的食神必會與官星相合，傷而不傷。例如丙為陽干，其食神為戊土，與官星癸水相合。即不會傷害官星。而陰干食神以陰剋陽，如丁火以己土為食神，無法剋其印綬甲木，也無法傷害官星。只有正剋官星，例如己土可制癸水，才會傷害到官星，故稱傷官。又稱盜氣。

食神為我本身之食祿。又稱天廚、天壽。

㈨**比肩**：陽見陽、陰見陰為比肩。

(十)**劫才：**陽見陰、陰見陽為劫才。又名敗才。

凡與日元性質屬類相同的，稱為比肩、劫才。例如甲木見甲木。乙木見乙木。而丙火見丙火為比肩。而甲見乙、丙見丁、丁見丙、乙見甲、戊見己等都是劫才。因同類，又有分財之義，故稱劫財或敗財。

何謂陽刃

陽干在臨官之位最旺為極度，到了帝旺之位，已經超過了其旺度，漸有趨弱之勢。而陽干在帝旺這個位置的刻度，稱之為『刃』。它與劫有不同之處，故只用劫的半邊字為『刃』。也只有陽干才有刃，故稱『陽刃』。

陰干則以帝旺為最旺之極度。再下去為衰位，後退為臨官。因此帝旺為不旺也不衰之位，因此陰干沒有刃。故無陰刃。

甲之陽刃在卯。丙、戊之陽刃在午。庚之陽刃在酉。壬之陽刃在子。

何謂『祿』

祿為五行最旺的地方。陽干以臨官為祿。陰干以帝旺為祿。例如甲為陽干，其祿地在寅宮。乙為陰干，其祿地在卯宮。以此類推。

甲祿在寅。乙祿在卯。丙戊祿在巳。丁己祿在午。庚祿在申。辛祿在酉。壬祿在亥。癸祿在子。

如何選取喜用神

第二節　十神及格局意義解說

十神為(一)正官。(二)偏官。(三)正印。(四)偏印。(五)正財。(六)偏財。(七)食神。(八)傷官。(九)比肩。(十)劫財。

十神因關係到後面歸類命格格局，以及關係到選喜用神的關鍵，並且彼此生剋制化的關係常會讓人混亂而記不清楚。因此我再次以我們周遭的人際關係為譬如、例說，來解釋十神間的生剋關係，供給大家參考，並讓你記憶深刻。弄清楚十神間的生剋關係之後，格局的問題才會明通，用神的問題才會明朗。因此這些十神的生剋問題就是選取喜用神的關鍵。

在古時候就有以六神配六親來解釋的方法。六神是以食傷合為一神，比劫合為一神，正官、偏官統稱官煞，而正財、偏財統稱財。正印、偏印統稱印。現在我們分細一點來講，仍是以十神為主來談。

如何選取喜用神

官煞：即是正官和偏官。偏官又稱七煞，故兩者統稱『官煞』。亦稱『官煞』代表君主。是『我』所事奉敬畏的主人，或是能支配『我』，束縛我、管制我的人。例如火可以剋金，火就是金的官煞。火也稱為金的鬼官。因在八卦中，鬼為繁爻，故稱官煞為鬼。屬於會剋制我們，是我們很討厭的東西，故稱其為鬼。

印綬：分為正印和偏印。因在八卦中是義爻，天地為義爻。天地也就是父母。是生我的人，稱之為父母。同樣也是會蔭庇、照顧我、對我有益的人。在五行中就像木為水所生，金生水。水是木的印綬，金是水的印綬。亦可以說：水是木之父母。金是水之父母一樣。

財：分為正財和偏財。財在八卦中為制爻。財是為我們所控制花用的，也是可以為『我』的力量去支配的，聽命於『我』的。通常妻妾聽命、侍奉於夫。故財又稱『妻財』。就好像木會剋土。而土就是木之財星一樣。

食傷：就是食神、傷官。是由我所出生，由我所製造、發洩出來的東西。就好像子女是我所生。智慧、智謀是由我的腦子所產生出來的一樣。在八卦中為寶爻。並且以福德為寶爻。所謂的福德就指的是子孫。有德有福才會有子孫、子孫也是由我們所生的延續的。故以子孫為食傷。凡是在五行中由『我』（指日主、日干）所生的，皆是食傷。例如金生水，水是金的食傷。水生木，木是水的食傷一般。

比劫：就是比肩、劫財。比劫就是並肩比坐，相互支財來用的意思。有誰會和你有通財之義，平起平坐呢？當然是兄弟囉！凡同類的人，或一起做事的人，一個鼻孔出氣的人，都是同類的兄弟。因此比劫就是代表的兄弟。在八卦中同氣為專爻。同氣就是兄弟。在五行中例如金與金，木與木，水與水，火與火，土與土相見，都是同氣。故彼此的關係稱為比劫。陽碰陽，陰碰陰都是比肩。例如我的日干是『丙火』。丙是陽，再遇『丙』，陽見陽為比肩。丁火是陰，丁見丁也是比肩。丙（丙是日干）見丁是陽見陰，就是劫才了。丁（丁是日干）見丙，陰見陽也是劫財。

十神及格局意義解說

1. 首先談『官煞』

官煞分為正官、偏官。偏官又稱七殺。官是『管』的意思，是『束縛』的意思。會支配我們，控制我們的都屬『官』。在『官』裡面分正官、偏官。

在我們日常的生活中正官代表了一種正派的，直接的管束我們的人或力量。就好像學校的老師，和公司的老闆一樣。他們的地位、階級比較高，會來管我們的行為，要我從正道、走正路，或是為他們工作，要賣力、要忠誠。

這些會管束我們的老師或老闆，有時候會用很凶的態度責罵我們，有時也會用溫和諄諄善誘的方法來牽制我們。所以你就可以看到了，『剋我者為官』。而『陽剋陰，陰剋陽』為正官。也就是說，不管是凶的態度或溫和的態度，都是要我們用老師或老闆的方法去走正路，或幫老闆做事。而這種管束是一種正派型的管教方式。也因為有正理在，所以被管束的下屬在心理上是服從他們的。是願意被管的。

偏官又名七殺。這代表著一種邪道的管束方式。就好像一些青少年加入幫派組織，被大哥所支配管轄一般，他們所做的事，又不是正派的事，常常危害別人，弄不好自己也會入監獄坐牢，對自己也不好。因此這種管束方式會危害別人和自我的，就稱為『煞』，就是『七殺』，又稱為『煞官』。是以『煞氣』來管束別人的力量。

以煞氣來管束別人的力量，通常都是很直接、很粗暴，要不然就是很陰險的。因此『陽剋陽』、『陰剋陰』的狀況出現了。陽代表直接、凶暴。陰代表暗地、陰險。故而這種邪派的力量，好似流氓、黑道的力量，也就是『煞』的力量，是我們最怕的，傷害我們也最無情的。

倘若要抵制前面這兩種不同管束的力量，要用什麼方法呢？

㈠**正官格**：老師和老闆譬如為正官。倘若你要和老師、老闆感情建立的好一點你會用什麼方法呢？第一種就是送禮給老師、老闆了。這就叫用『財』。（這也是正官格中，日干強，用財來生官的選用神方法）。

如何選取喜用神

第二種就是你很膽小，不敢和老師、老闆去講話。於是請出你的父母去代為巴結、拜訪老師、老闆。（這就是在正官格中，日干弱，正官強，用印來生身。這就是選喜用神的方法了）。不過要注意的是，你的老闆和老師一定要是正派的人才行。必須正官不見七殺來混雜。倘若你的老師或老闆和黑道混雜，真是扯不清了，你又得用別的方法去抵制這種複雜的管束了。

下面有幾種情形是屬於正官格不好的情形。

①見傷官而無印。命格既然屬於正官格，就是喜歡、希望有老師或老闆來管你，給你工作或輔導你走正路。見傷官而無印，就好像你的老師或老闆被人傷害了或打傷了，沒辦法再照顧你和引導你。而你又沒有父母可以來幫助你，真的是很可憐，這種命運怎麼會好呢？

②遇刑冲破害。這種狀況，就好像你在學校裡一開始就遇到看你不順眼的老師。或是在公司裡遇到不好相處的老闆一樣，彼此八字不合，很難學到東西，也很難發揮所長，當然也是命運不好的一種。

③有殺來混雜。在命格為正官格時，有殺來混雜。就好像是你在公司

中遇到有一個是好上司，其他又有幾個不正派的主管也會來管你一樣，當然在這種狀況下，你是很難生存的。

④官星得令且眾多，日主衰弱不堪。這種狀況就好像：管你、教你的老師有好多個，每天逼得你喘不過氣來。你被他們看守著，又逃不走，當然苦不堪言，身體也衰弱了。

⑤官強身弱，又多財星生官。這種狀況就好像被許多老師看守住，自己已經透不過氣來了。又有人送禮給老師，讓老師更加強了看管教育你的意志力也讓這個人更頭痛了。

⑥身強過於官，又無財星來滋官。這個狀況和前面不一樣了。這好像你本身的氣勢凶悍，已不把老師和老闆放在眼裡。老師和老闆比較弱。而你和他們的關係一直很緊張，不太好。但是家裡窮，沒錢去送禮來改變彼此的關係。在這個狀況裡，只要借點錢，送個禮給老闆和老師就能改變關係。故此格中用『財』星就可做用神了。

⑦身強超過官，又多印來洩官、食傷剋官。這個狀況就好像是：你是一個民意代表的兒子，在學校氣勢比老師還強，老師有點怕你，你

的父母還常到學校去找老師，老師很怕。學校的校長和其他的老師也都天天在督管你的老師，叫他別來惹你、管你。你想想！這樣的教育還會好嗎？

所以這種正官格也是不好的格局。

倘若你想糾正這個格局，使自己命好一點。就要：先要阻止父母再去學校糾纏老師，自己身段要放低一點，久而久之，學校的校長和其他的老師就不會再對你的老師產生威脅。這就是在命局中要制印。也要使日主不要那麼旺，稍為剋洩一點。用『財』來送送禮，做一點人際關係是不錯的。因此此命局用『財星』為用神。

(二)**偏官格：**又稱七殺格。倘若命格格局是七殺格。代表你所處的環境是煞氣重，旁邊的朋友，和你的上司都是煞氣重的人。因此你必須：

第一、自己身體強健，生命力旺盛，再加上個性強，才能在這個有點邪惡，充滿煞氣的環境生存。這就是要『日主強、身強』的意思了。

第二、倘若你自己已經很強，但是你的上司是黑道大哥比你更強，你則必須養許多小弟跟班來幫你抑制黑道大哥的力量。這就是『日主

如何選取喜用神

強，殺更過之，必須有食神制煞』的意思了。

第三、倘若你自己很文弱，或者年紀小，沒有力量反抗外面的殺氣。而外面的壞人和流氓黑道常來找你麻煩。你則需要找父母來幫助你，使你脫離困境。這就是『日干弱，殺旺，必須有印來生身』。

第四、『殺身兩停，無官殺混雜』。也就是說你自己的力量很大，外面的殺氣也重，但彼此已達成協議，互不侵擾，也不惹事。並且也沒有學校的老師或警察來找你麻煩，這樣當然就會生活平順了。

以上四條件都算是七殺格中較好的命局。

下面有幾種情形是屬於七殺格中不好的情形。

①遇刑冲破害。凡命格為七殺格的人，多性格剛強。再遇外來凶惡暴徒找麻煩，起衝突，當然是不好的現象，必有傷亡發生。

②日干太弱。在七殺格裡，本身環境已經太壞了，又沒有強悍的父母、兄弟姐妹幫忙，外面也找不到幫助，當然只有任煞猖狂，任人宰割了。

③財黨殺而無制。在七殺格裡，財星去助煞，而不來幫助自己，自己

又找不到幫手，當然趨於弱勢而命不佳了。

④殺太重、身太弱，沒有食傷。這代表自己本身是七殺格，脾氣很硬，但是自己凶不起來，周圍的凶惡之徒又很多，自己是一個軟弱的大哥，也找不到小弟跟班來助陣。氣勢太差了。

2. 談『印綬』

『印綬』直接就是代表生我們的、蔭庇我們的、照顧我們的父母。印綬又分為正印和偏印。陽生陰，陰生陽為正印。陽生陽，陰生陰為偏印，又稱倒食或梟印。

陽生陰，陰生陽為正印。就譬如是父親喜愛女兒，母親喜愛兒子一般，是很正常的現象。這是正印的關係。

而陽生陽，陰生陰，是父親喜愛兒子，母親喜愛女兒。

在我們年幼時，都希望父母來照顧疼愛我們，因此不論是父親或母親，都是對我們關懷、有利的。是故『日元弱，宜印相生。不論偏正，皆為有益之物』。

如何選取喜用神

倘若我們已經長大成年，自己的能力很強了，便會結婚生子而自立。這時候，我們的父母就要含飴弄孫。常常我們很忙，沒時間去陪伴我們的父母，就叫我們所生的子女去陪我的父母，這就是『日元強，喜有食神洩之』。食神是我所生的子女。

在偏印中有一個現象叫做『倒食梟印』。這有一個比喻，就是母親把女兒的女兒帶走去養了。通常女兒和母親比較親，也會把自己生的子女送給母親去照管。因此外祖母帶外孫女，就是很正常的現象。

『陽干之正印，不能奪食。陰干之正印，與食相合，亦不奪食。故倒食梟印之名，僅有偏印有之。』

陽干之正印譬如兒子的母親和兒子的兒子，因是祖孫關係，不必相奪。陰干之正印譬如女兒的父親，和女兒的女兒，彼此性情相合，也不會相奪。因此外祖母帶外孫女的狀況，只有在某些家庭才會發生。

倘若要成為好的印格，產生對我們有利的是什麼狀況呢？

命格是正、偏印格的人：

第一、要日主強，印輕而逢官殺。日主強就是生逢得氣之時。印輕，就是父母的助力少，逢官殺就是要有能管束、教育你成材的老師。常言道，慈母多敗兒。因此小孩子本身就有聰明強旺的體魄，自然就不需要父母太多的溺愛相助，反倒是能剋制，能管束，能教育他成材的老師對他才是真正有益的。

第二、要日主強、印也強，而有食傷洩身。日主強表示其人生於得令或周圍有助益的環境。印也強，表示父母又特別的照顧他。愛得太多也不是好事。食傷是由我們所生出的子女。因此希望父母轉換一下目標，把愛移到我們的子女身上，也就是把感情轉到孫子身上，這樣『我』這個日主就可以鬆一口氣了。故而以食傷洩身。

第三、日干強，印又多，要財透出干，來減弱印綬的力量。日干強，表示『我』強。而印又多，表示父母的關愛太多。要財透出干來減弱印綬的力量。表示雖然我們已經能自主了，並且很能幹，但是父母仍不放心，天天跟著，一步一趨。這時候，我們便要拿出一點錢來，讓父母去花錢買東西，打發一些時間，自然會減弱一些父母過於關愛而帶給我們的困擾了。因此沒有錢運用是不行的。

以上這三種命格格局，都是正、偏印格中最具有成功方法的格局，也是最有利於我們自身的格局。

如何選取喜用神

下面有幾種情形是屬於正、偏印格不好的情形

①日主弱，印又少，又逢財壞。日主弱，主要是出生時沒有得到月令之氣，是先天不足。印又少，父母的幫助又太少，是後天失調。又逢財壞，是又沒錢，生在貧困之家，如此看來，這種命局真是不佳了。要彌補這種命格的缺陷，當然是要看看有沒有強勢一點的兄弟來照顧他，於是需要比劫來助身旺。再看看有沒有可以生財的企機？或是看看能不能生一些兒女來幫忙的，食神傷官就是子女，用食傷去制煞生財也是一個辦法。

②日主弱，殺太重，又多官印。就好比一個人原本就懦弱無能了，外面的邪道勢力又強，受人脅迫，再加上老師、父母剋刻的管教方式，而感到人生無趣，有毀滅的可能。解決的方法：用印化煞生身是一個辦法，也就是請父母去為自己化解外面的惡勢力，再幫助自己的力量強旺一點，這是一個找用神的方法。另一種方法就是用食傷制

如何選取喜用神

煞。食傷不但代表的是子女，也代表智慧。在這裡可以解釋成：自己很弱，但是可用智慧、智謀去抵制、化解外面的邪魔歪道。同時食傷可生財，再用財去打發制化官印，使之影響自己的勢力平衡、平等一點。

③遇刑冲破壞。就好像一個人，不論自己的性格氣質是強勢或弱勢，遇到周遭不友善的態度，就好像身處盜匪肆虐的場所一樣，隨時有生命的危險。因此這種命局多半要靠機運，從險中求勝的。例如子午相冲，剋去惡運，也能有好的機運發展。若是冲剋去了好運，則一敗塗地了。

④日主弱，財又輕，印重又得令。印重得令，就像甲、乙木生於十月、十一月一樣。或是丙、丁火生於一、二月或是戊、己土生於四、五月。或是庚、辛、金生於三、六、九、十二月。或是壬、癸水生於七、八月，都是印重得令的月份。通常印旺必會用財來破印。但是財又少，日主又弱，因此必須增旺日主（我）還是要以財為用神。

⑤比劫和印綬強旺，而食傷、財官輕賤。在如此的命格中，好像一個

人，自己的兄弟和父母能力都很強，好像也會處處幫助自己，而自己的智慧、能力卻很弱。這也很像一個擁有大學教授的父母和兄弟姐妹都具有博士學位的人，但自己的學力卻很差，賺不到什麼錢，同時也沒有人來管他。這時候要怎麼辦呢？這個人只好要莊敬自強了，拼命做事，多去賺一點錢，倘若能過得富裕一點，或者成為富翁的話，也可和父母、兄弟平起平坐了。成就也不會輸給他們了。因此這時候以財為重要的辦法之一。財就是用神。

⑥財重無官。在正、偏印格中，財重無官。就好像一個生長在富裕家庭中的小孩，從小父母就給他很多錢，但是這人個人卻沒有理財能力。在這個情況中，財旺就要用劫、印，也就是要向父母及同輩的朋友或兄弟去學習理財之道。因此，財旺用劫印來相助、制化財。

⑦命格中的比劫、祿刃多。在正、偏印格中，比劫多則會分財，也就是兄弟多會分財一樣。祿刃多，會傷身。祿多要自己能勝任，理財之能力。刃多、會剋制自己，因此同樣的都是以『財』為關鍵要解決的問題。比劫重的用官殺或食傷來做用神，加以制化。祿刃多的，

也要看是偏向財、官、印、比劫、食傷那一個，偏向財的用官殺去制。偏向官殺的，用財去制官殺。偏向食傷或印綬的，用財去制。偏向比劫的，用官殺去制它。倘若財官、食傷多的，則以印去制。

3. 談『財』

『財』代表我們可以利用的、支配的東西。也代表侍奉我們的人或力量。就像妻妾之類的人，因此財也通稱『妻財』。我可以剋制的稱為財。

財分為正財和偏財。陽剋陰，陰剋陽是正財。陽剋陽，陰剋陰是偏財。陽剋陰的時候，天干一定會相合，為自我之財，例如甲木會剋己土，甲己會相合化土。土也為木之財。這是正財，是我們用體力正常賺取得到之財。而陰干乙木剋戊土，乙戊不相合，因此上述這個說法是專門以陽干來論的。

陽剋陽，陰剋陰，如甲剋戊，乙剋己，彼此不相合，即為他人之財，是暫時為我們保管之財，故稱『偏財』。

如何選取喜用神

在正、偏財格中，有三種格局是最好的格局。例如：

①日主強旺，財多，又有官星。這表示一個人的能力很強，財又多，又有管理的能力，這是非常好的格局型式，此人一定主富主貴。

②日主弱，財旺，有印比護身。這表示一個人性格文弱，但是錢財很多，而有父母、兄弟姐妹一同來為他助陣、幫忙扶助他管理錢財。這也是一個很好的情況。此人可平安的享受富貴。

③日主強，財星弱，但有食傷生財。這表示一個人，還沒有錢，還在努力階段，雖暫時還沒有錢，可以用智慧來生財，前途也是未可限量的。因此這也是一個好命格。食傷就是用神。

下面有幾種情形是屬於正、偏財格中不好的情形

①日主強，財少，比劫多。這就好像一個人，個性很強勢，但是家中窮困錢少，而兄弟又多，因此這個人在家中就會和兄弟常有衝突爭財、爭享用。要改善這種命局狀況，當然最好是要生財，制住比劫。用食傷生財、用官煞制住比劫為佳了。

②遇刑冲破害。命局中遇刑冲破害都是不好的。不論是冲去財星，破

了財星，刑剋了財星都不好。但無論如何，都要以命局當時的情況而定，要救或是要制財星，再來定奪。

③日主弱，七殺重，又有財來生殺。殺就是煞也是官煞。日主弱，官煞重，又有財來生煞。就好像一個人本性就很懦弱了，卻請了很凶的老師，不但如此，父母還常給老師送禮，請他再再管得嚴一點。

這個人真的快瘋了。怎麼辦呢？

一種方法就是用印化煞。就是去跟父母稟告實情，請父母不要再助紂為虐了，用父母的力量去化煞。

第二種方法就是用食傷制煞。也就是自己運用智慧和凶的老師談判，使他不再管你。

④日主弱，財多又得令。這種命局就好像一個體弱多病的富翁，根本無法任財、管理財產。財太多容易生煞，容易被壞人覬覦，因此要請出父母為自己管理財務。故此命局『財旺用印』為解決的方法。

⑤日主弱而財旺，又有食傷洩日主而生財。這種命局就好像一個多病的富翁，仍然愛錢不肯罷休，本身身體已經不好了，還每天拚命絞

如何選取喜用神

盡腦汁的在賺錢。這種狀況當然不好了，有一天會有錢而沒命花用。因此要改善這種命局『財旺用劫印』就是一個辦法了。用父母和兄弟來幫助處理財務的問題，使自己暫時可修養生息一下。

⑥日主旺，又多比劫、祿刃。這種命局是本身強勢，又有兄弟、朋友，在錢財上相剋害、競爭、爭奪的狀況。一種方法，是用官煞去剋制比劫。一種是用食傷去化比劫。前者是用管束的力量去制服兄弟。後者是用智慧去化解兄弟之間的問題。

命局中有祿刃，日主一定乘旺，其用神選用一定是用官煞和食傷。官煞要用財來生，食傷也要用財來生。倘若煞刃勢力相當，勢均力敵，則用印綬來解決。

⑦正、偏財格中，財有多個劫印相奪，而無食傷來生。這種命局就好像一個智慧平庸的人，雖有錢，但是家中的父母、兄弟都來劫財、爭財。當然很快的就會沒錢了。因此要改善的方法就是：用財破印，或是取官制劫護財，或是用官洩財之氣來解決。

4. 談『食傷』

食傷就是『食神』、『傷官』。代表由我們身體裡所發生衍變出來的東西。例如子女是由我們所生出的。智慧、才華是由我們腦子中的思想所產生的。福德也是由我們本身所積聚勵行而製造出來的。因此我生出的為食傷。

凡我所生出的，陽生陽，陰生陰為食神。這也是我的食祿。因此又叫天廚或壽星。而陽生陰，陰生陽為傷官。傷官就是傷害官星之意。

在所有的五行生剋之中，都是以陰陽來相合的，就像磁場、電極中異性相吸，同性相斥的道理一樣。但是由我所生出的，則以同性的為相合及相吸。這個狀況就像父和子，母和女的關係一樣。是由於陽剛氣，和陽剛氣、陰柔性與陰柔性的性情相合接近的緣故而自然相合。

陽干的食神會與官相合，例如甲木的食神是丙，會與甲木的正官辛相合（丙辛相合），彼此不會傷害。又例如丙火陽干的食神是戊，會與丙火的正官『癸』相合（戊癸相合），彼此也不會傷害。陰干的食神，是以陰剋陽，例如：乙木的食神是丁，乙木的正官是庚，丁也無法剋得動庚，因此也無法傷害官星。只有傷官的正剋官星，才能傷害官星。例如甲木的傷官是丁，甲木的正官是辛，丁就可以剋辛，是真正傷害到官星了。丁就是甲木的傷官。又例如乙木的傷官是丙，乙木的正官是庚，丙和庚也是彼此相剋，因此也是傷害到官星了。也因傷官又稱為『盜氣』。

在『食神格』中有三種格局是最好的格局，例如：

①日主強，食神多，又有財星。食神會生財。這種命局就好像一種良性的循環，一個體魄強健的人，又有聰明的頭腦，很會賺錢，當然錢財愈來愈多，而成為富翁了。

②日主強，殺多超過了日主，而有食神制煞而無財星來混亂。這種命局，是以制煞為主的命局，倘若財多、財多就會再生煞。因此無財星來混亂，只要用食神制煞（用聰明智慧來制服煞），日主本身就很強旺，當然可以主富主貴了。

③日主弱，有食神洩日主之氣太多，有印來護身、幫身，也是上格。

這種命局就像一個太聰明，卻身體不佳的人，若有父母來照顧他的身體、培育他的才智，長大後也自然可成為有用之材，有富貴之命。

在『傷官格』中有四種格局是有最好的格局

①日主強，有傷官生財。這種命局就是一個身體強健的人，運用智慧生財的命局。

②日主弱，有傷官洩日主之氣，但有印來護身。這和前面有食神洩日主之氣是一樣的。本身身體虛弱，太聰明太傷神，會使人（月主）更弱，但是有印（父母）來照顧這個人，幫助他，自然也會成為好的格局，主富貴。

③日主弱，傷官旺，而殺印雙雙在干上。普通傷官旺會生財，煞印也會相生，用財化印，用財制官，都會是很好的格局。

④日主強，殺重，而有傷官駕殺。日主強的人，身強體壯，氣勢又強，性格也強，煞重，於是與外敵對抗，這時候必須有聰明才智就可制服敵人。因此有傷官、駕殺為上格。

在『食神格』中有一些格局是不好的格局。例如：

如何選取喜用神

①日主強，食神少，又有梟印（偏印）。這種命局就好像一個四肢強壯的人，卻缺少頭腦智慧，又有一個不太好的義父母來出主意。這種命局當然是不好的。這種狀況最好還是請自家的兄弟、父母來幫助，用劫、印（正印）為用神，或是用財、官來解決。

②日主弱，食神生財，又有殺星。日主弱的人，食神生財，而本身又無法管理好財，財也會生煞。本身命局又露出殺星，因此煞就會變多了，必須以劫印為用。就是以自家的父母、兄弟來幫助自己，一同來抵禦煞，或是用印來化煞。

③遇刑冲破害。在任何一種格局中有刑冲破害都是不好的格局。解決辦法也要看當時的情況而定。

④日主弱，食神重，又無印或財多。日主弱財旺的人，不能任財，自己本身沒有能力管理財，倘若食神重，食神又會生財，財太多，必須用印來制化財。但是又無印。因此問題不能解決，是一個不佳的格局。這就好像一個人，身體不好，卻聰明過了頭，很會賺錢，但是無父母可以來幫助他管理財務。因此要是有兄弟（比劫）可以幫

助他也可以。或是用財化食滋煞（用錢請外面的人來幫忙管理）。或是用食神制煞，都是方法。

⑤身強殺淺，食神重而制殺太過，又無財來解救。這個命局中身強殺淺，本來可以假殺為權的。但是食神制殺太過，殺變得無用，又沒有財星來解救殺。因此問題嚴重了。這時就要用官或印來剋制食神。這就像一個太強壯太厲害的人，聰明又太過頭，把敵人都殺光了，自己也沒得什麼好處，既沒錢，又沒權了。因此要讓他聰明略減一點，生一點財，再滋養一點煞，才能假煞為權，享受富貴了。

⑥印重身輕。食神格中日主弱，印重，就必須用財官來平衡。這好比一個太懦弱無能的人，父母的照顧太好，只有使他更無用。因此使其性格強壯起來就要用官（用教育強制使其自強的力量）。用財（使其財多一點以助身），用食傷（使其聰明才智多一點）。食傷可生財，也可助身。

⑦日主弱，而財官太多。在這個命局中，身弱是無法任財，管理財的。財官太多，官得財生，財與官更強旺，就必須用印、劫來制化財官。

如何選取喜用神

用印去化官煞。用比劫去制化財星，才是辦法。

在『傷官格』中有一些格局是不好的格局。例如：

①為傷官格又見官。本身已經是傷害官星的傷官格了，因此成為煞洩之格，又有官煞相見，官煞又變為重了。故而用印去制化官煞。

②日主弱，財多。日主弱，無法任財，財太多，就要用比劫（用兄弟幫忙管理財務）。

③日主強，傷官少，卻多印。這個命局象徵人的身體性格都很強，但是聰明才智少一點，父母管得又多。這時候若能多花一點錢去學經驗，遲早也會出人頭地。因此這個命局的用神是『財』星。

④遇刑冲破害。任何命格遇到刑冲破害都不吉。因此要看當時刑剋什麼、冲去什麼、破壞了什麼，才能定出用神。

⑤日主弱，無印或多財，而食傷太重。本來日主弱、食傷多，便要以印為用神，但是無印又財多，就以比劫為用神了。這個狀況就好像一個身體虛弱，但智慧高又會賺錢的人。本來可以請父母幫忙看守財的，但是沒有父母，於是請兄弟來照顧幫忙管財也一樣。

⑥身強煞淺，食傷制殺太過，無財來解。這種命局和前面食神格中是一樣的。身強煞淺，本來可以假煞為權，富貴甲於一方。但是聰明太過頭，把敵人制服得太過頭，結果讓自己也沒得到好處，也沒錢可賺。因此把食傷（聰明）減一點，多生一點財，再用財滋弱煞，自然便能假煞為權而享受富貴了。

⑦印重身輕。日主弱，而印重，用比劫助身，用財化印。這好比一個身體、性格皆弱的人，父母卻給與太多的照顧，使其變得無用。因此用兄弟的力量使其體魄與性格都激勵起來。用財去化印，給父母一些錢財，讓他們有別的事去做，不要再繼續給這個人太繁多的照顧，而讓這個人自立自強起來，就會成為好命格。

⑧日主弱而財官多。這個命局以比劫、印為用神。財多以比劫為主。官多以印為主。這個命格的比喻就好像一個身體虛弱的富家子，錢財很多，但來管他的人也很多。倘若比較之下，財比官多的人，則多請兄弟來幫忙管理財務。若官比財多的人，則請印綬（父母）出面對付官煞，用印化煞，使命格達到中和。

如何選取喜用神

5. 談『比劫』

比劫就是『比肩』、『劫才』的統稱。代表和我們有相同性質、同輩類似兄弟和同事之類的人。比劫又稱『同氣』。即是兄弟的意思。就像金與金，土與土，木與木之間的關係。

陽見陰，陰見陽為劫財。又稱『敗財』。因為是同類，有兄弟分財之義，故稱劫財。劫財在四柱中天干上稱劫財。倘若是陽干，又有支與干相連，例如干乙、支卯或年干丁月支午。在地支生旺的程序上，超過了祿位，稱為旺過其度，就稱為刃。刃是『劫』的半邊字。是比『劫』還旺的記號。只有陽干才有。例如甲見乙卯，丙見丁午，戊見己午、己未，庚見辛酉，壬見癸子，都是陽刃。

比肩、劫才不能成格。故只是在格局中做搭配的角色。

第三節　以干支配合十神的方法

配合十神的方法

對於剛剛學習選取喜用神的朋友，我們最好按步就班的先將十神標在八字四柱上，這樣才會一目瞭然。

舉例：

例如西曆一九七八年（民國六十七年）八月十三日午時生的人，農曆為七月初十日午時生，八字是戊午年、庚申月、丁未日、丙午時，排起來如左：

戊午——年柱

庚申——月柱

丁未——日柱

丙午——時柱

此人日主是丁火，先查『天干陰陽生剋及財官印檢查表』，日干丁火和月干庚的關係是正財。便在月柱庚的上方註明正財。再看丁與年干戊的關係，查表得知是傷官。便在年干戊的上方寫傷官二字。再查看丁與時干丙的關係是劫財，便在時干丙的上方寫劫財二字如左：

傷官	正財	日主	劫財
戊午	庚申	丁未	丙午
年柱	月柱	日柱	時柱

接下來再看地支的部份。要查『地支陰陽生剋及財官印檢查表』。

首先日干丁和年支午的關係是比肩。其次日干丁和月支申的關係是正財。第三、日干丁和日支未的關係是食神。接著將食神的名稱寫在支的下方，第四、日干丁和時支的關係是比肩。排出來如左：

傷官	戊	午	比肩
正財	庚	申	正財
日主	丁	未	食神
劫財	丙	午	比肩

第二種標十神的方法：

倘若你要標得細一點也可以用第二種方法。就是都用『天干陰陽生剋及財官印檢查表』來找出人元支用藏干的十神。

因為年支和時支午中含有人元支用丁和己，便先將丁、己用小字標在午時的下法。再查日干丁和人元支用丁和己的關係，再將此關係標在人元支用丁和己的下方。申中藏有庚壬戊，便將庚壬戊以小字標在申的下方，是比肩和食神。再以日干丁和人元支用藏干的庚、壬、戊相互的關係標在庚、壬、戊的下方。是正財、正官、傷官。未中藏有己、丁、乙。先將己、丁、乙用小字標在未的下方。再查日干丁和己、丁、乙之間的關係，再分別標在己、丁、乙的下方，是食神、比肩、偏印。其形態如左：（這個方法雖然笨一點，但對於某些命局比較難判斷用神時，都非常有效。這是對於剛學習選取喜用神之方法的人最好的可行之法。）

傷官	戊午	丁　己	比肩　食神
正財	庚申	庚　壬　戊	正財　正官　傷官
	丁未	己　丁　乙	食神　比肩　偏印
劫財	丙午	丁　己	比肩　食神

第三種標十神的方法

第三種標十神的方法就是簡易的標法。只在干或支上註明代表性的一個字。例如傷官便註明一個『傷』字。正財便註明一個『財』字。劫財便註明一個『劫』字。比肩註明一個『比』字。正官便註明一個『官』字。偏官為七殺，註明一個『殺』字。偏印為梟神，註明一個『梟』字或『卩』為印之偏旁。偏財註明一個『才』字，此為財的偏旁。傷官亦可註明一個『亻』為傷字的偏旁。

知道了上述八字中簡體字的用法。讀者以後在別的書上看到，或者是有算命師為你的八字做上述的註解簡字，你便不會看不懂了。也知道他在標明這些怪字的用意了。

劫		財	亻
丙	丁	庚	戊
午	未	申	午
食比	卩比食	亻官財	食比

十神標好，再標『祿』字。

另外丁之祿在午，因此把『祿』字標在『午』的下面。這樣命局四柱的生剋才會完備了。

傷	戊午	食比	祿
財	庚申	傷官財	
	丁未	ㄗ比食	
劫	丙午	食比	祿

再舉一個日主為陽干的例子。

例如：西曆一九八八年（民國七十七年）十二月三日晚上十一時生的人。其農曆為戊辰年十月廿五日子時。八字為戊辰年、癸亥月、壬辰日、壬子時。（時干的求法，不管夜子時或早子時，皆是以次日的日柱天干與時支子時來推求時柱天干的。故為壬子時。）

如何選取喜用神

此命局的八字與陰陽生剋及財官印標注法為：

（查天干陰陽生剋及財官印檢查表）

煞	劫		比
戊辰	癸亥	壬辰	壬子
戊乙癸	甲壬	戊乙癸	癸
煞傷劫	食比	煞傷劫	比
統稱煞（七殺）		統稱煞（七殺）	

標好十神生剋以後，就要定出八格格局。再從此找出喜用之神，兼而得知忌神。這就是明體立用的開始。

第四節　定八格格局

在前面說過，定出八格格局的意義，乃是對選取喜用神時，先提出命局中的問題。先提出問題，才能找尋答案，而這個答案就是喜用神。用此八格格局，雖然並不是單就以格局就直接指出用神的，但是對於命局元素的生剋關係與影響，卻是十分重要的一環。

通常八字四柱的用神，是先從月令上查看的。以日干配合月令的地支，每一種都有不同。以月令之氣，看能不能配合日主之氣。以月令之氣，佔日主之氣中吉與凶的成份，格局就被定出來了。有了格局就可以選用神。

有時候，從月令中就可以推測出用神。但是這不是一定的事情。例如說：甲木生於八月（酉月），此時月令是秋金當旺的時期。甲木遇酉是正官格。因此甲木是秋木為體的狀態。木被金剋，秋木體性休囚，酉又是弱金。必須以土生金（財生官），以水化金（以印化官），這其中，財與印、己土與水才是用神。

又例如：乙木生於酉月是偏官格。以丙火剋金（以食傷制煞），再用癸水化金（以印化煞），丙和癸（食傷與印）才是用神。

因此，格局是一成不變的，命局的體是有一定格局的，但是所選的用神，卻不是一樣的。必須先弄清楚命局的格局體質，才能談找用神。

八格格局的名稱分別是

一、正官格。

二、偏官格，又名七殺格。

三、正財格。

四、偏財格。

五、正印格。

六、偏印格。

七、食傷格。

八、祿刃格（又內分建祿格與陽刃格）

八格格局是以日干和月令的氣候交織而成的。格局以月令而定，用神則不限於只取用月令之神。倘若剛好月令中之支用就是用神，則稱為「真神得用」。但並不是命局用神都要以月令之支用為用神的。

現在為將日干與所生月令所歸類的格局分列如後，這是利於某些命局較難找到用神時，即可依此根據尋找用神。

(一)八格歸類表

八格歸類表

格局名稱	日主與月令類別
正官格	甲木八月。乙木七月。丙火十一月，丁火十月。戊土二月。己土正月。庚金五月。辛金四月。壬水六、十二月。癸水三、九月。
偏官格（七殺格）	甲木七月。乙木八月。丙火十月。丁火十一月。戊土正月。己土二月。庚金四月。辛金五月。壬水三月、九月。癸水六月、十二月。
正偏才格	甲乙木三、六、九、十二月。丙丁七、八月。戊己十、十一月。庚辛正、二月。壬癸四、五月。
正偏印格	甲乙木十月、十一月。丙丁正、二月。戊己七、八月。庚辛三、六、九、十二月。壬癸七、八月。
食傷格	甲乙四、五月。丙丁三、六、九、十二月。戊己七、八月。庚辛十、十一月。壬癸正、二月。
祿刃格	甲乙正、二月。丙丁四、五月。戊己三、六、九、十二月。庚辛七、八月。壬癸十、十一月。

※偏官格又名七殺格。食傷格分為食神格與傷官格。祿刃格分為建祿格與陽刃格。

(二)以四時體性，細分各類所屬格局

尋找八字四柱中的喜用神，必須以月令為主。以日干配合月令地支，再來查看四柱中的生剋，而分格局，格局清楚了以後，自然可以定出用神。

從月令中來推測用神的方法就是：例如甲木生於七月（申月），是秋金當旺的時期，為偏官格。七月的甲木就是秋木，體性衰弱，木被金剋，若有比劫幫身，身旺煞高尚有制，為上格。偏官格又名七殺格。有食傷制煞，和用印化煞兩種方法來使命格中五行中和平衡。而印與食傷就是用神。每一種格局會有很多種方法來選用神，因此要先辨明命局的體性，才好定格局、選用神。

如何選取喜用神

日主甲、乙木之體用格局			
月令	日元	體	格局
正月	甲木 乙木	春木	建祿
二月	甲木 乙木	春木	陽刃 建祿
三月	甲木 乙木	春木	偏財 正財
四月	甲木 乙木	夏木	食神 傷官
五月	甲木 乙木	夏木	傷官 食神
六月	甲木 乙木	夏木	正財 偏財
七月	甲木 乙木	秋木	偏官 正官
八月	甲木 乙木	秋木	正官 偏官
九月	甲木 乙木	秋木	偏才 正財
十月	甲木 乙木	冬木	偏印 正印
十一月	甲木 乙木	冬木	正印 偏印
十二月	甲木 乙木	冬木	正財 偏才

日主丙、丁火之體用格局			
月令	日元	體	格局
正月	丙火 丁火	春火	偏印 正印
二月	丙火 丁火	春火	正印 偏印
三月	丙火 丁火	春火	食神 傷官
四月	丙火 丁火	夏火	建祿
五月	丙火 丁火	夏火	陽刃 建祿
六月	丙火 丁火	夏火	傷官 食神
七月	丙火 丁火	秋火	偏才 正財
八月	丙火 丁火	秋火	正財 偏才
九月	丙火 丁火	秋火	食神 傷官
十月	丙火 丁火	冬火	偏官 正官
十一月	丙火 丁火	冬火	正官 偏官
十二月	丙火 丁火	冬火	食神 傷官

日主戊、己土之體用格局

月令	正月	二月	三月	四月	五月	六月	七月	八月	九月	十月	十一月	十二月
日元	戊土 己土	戊土 己土	戊土 己土	戊土 己土	戊土 己土	戊土 己土	戊土 己土	戊土 己土	戊土 己土	戊土 己土	戊土 己土	戊土 己土
體	春土	春土	春土	夏土	夏土	夏土	秋土	秋土	秋土	冬土	冬土	冬木
格局	偏官 正官	正官 偏官		建祿	陽刃 建祿		食神 傷官	傷官 食神		偏才 正財	正財 偏才	

日主庚、辛金之體用格局

月令	正月	二月	三月	四月	五月	六月	七月	八月	九月	十月	十一月	十二月
日元	庚金 辛金	庚金 辛金	庚金 辛金	庚金 辛金	庚金 辛金	庚金 辛金	庚金 辛金	庚金 辛金	庚金 辛金	庚金 辛金	庚金 辛金	庚金 辛金
體	春金	春金	春金	夏金	夏金	夏金	秋金	秋金	秋金	冬金	冬金	冬金
格局	偏才 正財	正財 偏才	偏印 正印	偏官 正官	正官 偏官	正印 偏印	建祿	陽刃 建祿	偏印 正印	食神 傷官	傷官 食神	正印 偏印

如何選取喜用神

日主壬、癸水之體用格局

月令	正月	二月	三月	四月	五月	六月	七月	八月	九月	十月	十一月	十二月
日元	壬水 癸水	壬水 癸水	壬水 癸水	壬水 癸水	壬水 癸水	壬水 癸水	壬水 癸水	壬水 癸水	壬水 癸水	壬水 癸水	壬水 癸水	壬水 癸水
體	春水	春水	春水	夏水	夏水	夏水	秋水	秋水	秋水	冬水	冬水	冬水
格局	食神 傷官	傷官 食神	偏官 正官	偏才 正財	正財 偏才	正官 偏官	偏印 正印	正印 偏印	偏官 正官	建祿	陽刃 建祿	正官 偏官

◎四季月為三月、六月、九月、十二月。土旺秉令，故不專屬於任何一個格局。三月辰宮土旺秉令，但春土氣虛不作旺論。一定要支上有辰、戌、丑、未四庫俱全。以及比劫透干才可做旺論。

◎月份以節為主，春分（卯正）、夏至（午正）、秋分（酉正）、冬至（子正）。在『節』之前，仍以上個月的氣與月令之神司令。『節』以後，才是以本月的氣和月令之神司令，必須分清楚。

◎春季以木氣為主。夏季以火氣為主。秋季以金氣為主。冬季以水氣為主。四季月以土氣為主。

第五節　八格格局的意義和組成

古人論命，以八格為經，以用神為緯。因此八格必配合用神來看，無法將八格單用。目前所談之八格之宜忌，皆以陽干為主，不包括陰干。

㈠正官格：

正官又名『祿神』，此格分為兩種：一種是財官格。一種是官印格。通常，正官為格的人，是以財和印做用神。命局上財官印三者俱全的人，稱為三奇格。也有以乙、丙、丁三者全，為三奇格的。

用神也分為才官和官印兩種。官星必須生旺。不宜被剋。例如甲木見辛金為正官。辛金為衰金，甲木是旺木，辛金不能剋甲木。因此要以財生（用己土生辛金）。不可有丁火傷官來剋害辛金。用印化官，不如財生之為好。以甲木對辛金而論，以水化金，是不如以土生金，增強金的本質為好的。

如何選取喜用神

舉例說明：

丁巳
己酉
日主 甲子
戊辰

日主甲木生八月為正官格。支上巳酉會金局。子辰會水局。形成煞印兩局，天干有戊己財星並透干。因形成金局，辛金的力量增強，丁火無法剋之。用己土生金，用戊土制水局，因此用神為財星。

倘若乙木見庚金。就不能以上述之例而論。乙庚雖會相合。而庚金是旺金，最好有丁火剋制，或用印（水）化之。若用財生，用戊生庚金，必導至乙木被金所傷，這就不能成為一個好命格了。因此雖是同一種正官格局，但五行用法不同，選取用神的角度也不同了。

舉例說明：

庚午
甲申
日主 乙卯
丁丑

日主乙木生於七月為正官格。乙木坐卯、秋木有根，庚金出干，有丁火來剋制，配合適當。因此用神為丁火。

財滋弱煞格：財官格中有一種叫做『財滋弱煞格』。煞輕的，稱為偏官，不稱煞。所以『財滋弱煞格』，即是財官格，與財官格同論。書云：官多同煞（重官以煞論，四柱上見官多者，為重官）。煞淺即是官，四柱上以官煞混雜的，也以煞論。

舉例說明：

《財滋弱煞格》

	己酉
	丙寅
日主	庚申
	庚辰

日主庚金生於寅月為春金，春金雖不當令，但地支申、酉兩逢祿旺。時柱、庚金坐於辰上，又有己土出干，有印比幫身，日主由弱中轉旺。此命局正所謂木嫩金堅。若無丙火，寅木難存，若無寅木而丙火無根，一定要用，寅中甲木生火，甲木為財，丙為煞。此即為『財滋弱煞格』。此命局中木火不可缺，以甲木為用神。行東南木火運。

(二)偏官格：

又名七殺格。因為天干相距七位為剋。地支相距七位則沖。因此有此格。偏官格中又分一：以食神制煞。二、用印化煞。兩種格局。這是不論月令是否為偏官格，這兩種格局都是可形成、可用的。

七殺須要有剋制。這是指陽干而言。陽見陽，彼此都是生旺之氣。身旺（日主旺）、煞高（官煞強），而能得到剋制，這是一種極上等的命格格局。倘若是陰干，就不是這麼看法了。陰干多半較弱，不宜用煞的多。陰干若見煞旺，多半取印化之。陽干、陰干的取用之法不一樣，必須小心為之。

七煞須要被剋制，是以身旺而言。若日主身弱，則須身、煞雙方兼顧才行。用食神剋制不如用印化之。日主為陰干時，格局以『用印化煞』為多。但陰干是本性衰弱的日干，用食神制煞亦可。陰干身弱剋制稍為超過，也沒多大關係。倘若是陽干身弱，則一定要用印來生扶，不可用食神制煞。即使身煞兩停（日主的強弱與煞的力量相等），也最好用印化煞來滋養日主。因為陽干是剛生的向旺之氣，是不可以受到剋害的。

在命局中有官煞混雜的現象時，大都以印來扶身，以相生日干的五行來幫助日主生旺。在『滴天髓』一書中所談到的『同流同止』的意思，即是如此。

如何選取喜用神

舉例說明：

《用印化煞格》

戊子
甲寅
日主 戊午
甲寅

戊土生於寅月為偏官格。又生於寅時，土衰木盛。還好日支午火，為生拱有情。此命局干上有雙甲出干，甲為七煞，支上寅午會火局，正所謂眾煞猖狂，年支子水為財，可生寅木，不冲午火。以午中丁火印綬為用神。為『用印化煞格』。

《食神制煞格》

壬子
壬子
日主 丙戌
戊戌

日主丙火生於子月為正官格。此命局中年柱、月柱兩逢壬子。煞勢猖狂。日主丙火，支下為戌，通根身庫。有戊土出干可制水做堤防，來扶身抑煞。用神為戊土，戊土是食神。故此格即是『食神制煞格』。

《官煞混雜格》

壬辰
壬子
日主 丙寅
癸巳

日主丙火生於子月，為正官格。此命局壬水當權，煞官重疊。（水為煞，支上辰子又會水局，亦為煞。）日干丙火坐支寅為火長生之地。寅能納水，而化煞生身（日主）。時上巳宮為丙祿旺之地。足以敵官。四柱無金，印星得用。以甲木為用神。此格為『官煞混雜格』。

（有官煞混雜的現象時，大都以印來扶身做用神。）

㈢正、偏官格：

正財為自己之財，是他人所不能奪去的。偏財為眾人之財，是見者有份，人人皆會來奪財的。這主要是指陽干而言。

陽干見財則相合，不能被他人奪去。例如甲見己合，丙見辛合，戊見癸合，庚見乙合，壬見丁合等等。陰干則不是這樣，例如：乙見戊，丁見庚，己見壬，辛見甲，癸見丙，都是正財。本來也不能為人所奪。但是陰干柔弱，力量不足以剋制陽干，因此其狀況與偏財一樣。陽剋陽，陰剋陰，為偏財。此為無情的相剋，氣不夠專，因此被眾人所奪，為眾人財。

◎以財做用神的，必須身旺（旺主旺），否則不論正財格、偏財格，都難找到用神。例如身旺比劫多，日主旺而同類多。要注意同類會分奪財星，因此要用官煞剋制比劫來護財。這種格局稱為『財格用官』。

如何選取喜用神

舉例說明：

《財格用官格》

己巳
癸酉
日主 丙寅
庚寅

日主丙火生於八月是正財格。日主丙火長生於寅，得祿於巳，身旺足以用官。癸水官星被己土緊貼受傷，幸而官臨財地，癸坐酉支。支上還有巳酉會金局，則己土之氣已洩，而官星之根穩固。因此用癸水官星做用神。此為『財格用官格』。

◎倘若命局中財星太旺，則要用官來洩財之氣。這種格局稱為『財旺暗生官格』。

◎命局中食傷太旺，必須用財洩食神之氣，這種格局為『食傷生財格』。（即是食傷格用財之意）

◎命局中印綬太旺，取財破印，為『印格用財』。在這個格局中，因印旺為病，財為藥之故。

◎命局中官傷並見，要取財化傷生官，稱為『通關用財』格。

◎命局中還有才印並用的。例如日主丁火，取庚金劈甲引丁。庚為財，甲為印，彼此配合為用神。

舉例說明：

《財旺生官格》

庚午
壬午
日主 壬寅
癸卯

日主壬水生於午月為正財格。有庚壬兩透，支上寅午會火局，財旺暗生官，以庚金印星為用神。

《食神生財格》

戊寅
庚申
日主 丙寅
庚寅

此為偏財格中的『食神生財格』，為富格。干上有雙庚財星是通根在申得祿。支上三寅，為丙戊火土長生之地，身旺，食神也旺。用庚金財星洩戊土食神，生壬水為用神。

《傷官生財格》

己卯
癸酉
日主 丙子
戊子

日主丙火生於酉月，癸水官星被戊土所傷，用傷官生財，用己土生辛金，丙火全靠卯印相生，卯酉相沖，印綬被傷，不可逢卯運，衰神冲旺，財星破印，刑剋極重。用神為辛金。

如何選取喜用神

《印格用財》

乙亥
己丑
日主 庚申
乙酉

日主庚金生於丑月，庚祿在申，支上丑酉會金局，日主身旺，不喜再見幫扶。身旺不須正印，用乙木正財破己土正印，去其壅塞。以財為藥，此為『印格用財』。

《通關用財》

癸卯
庚申
日主 庚子
庚辰

日主庚金生於申月，有三庚出干，日主有比肩相助，日主身旺。支上申子辰會水局，年上有癸水出干，食傷也強。用卯中乙木之財洩弱癸水傷官，藉以打開通道，使金水相生，生生不息。此為『通關用財』。

《財印並用》

辛亥
丙申
日主 丁酉
丙午

日主丁火生於申月，月支申中有庚，年支亥中有甲木，甲庚兩全主富貴。以財星庚金為用神。

㈣正、偏印格：

凡是命局要用印，必是身弱之故。而身弱的原因很多，例如：官煞太旺、食傷太旺、財太旺，都可以用印來生扶日主。在財旺用印時，必須兼取比劫，不能單單用印。不過這是別格取印為用神的方法，不是屬於正、偏印格中的一種。

舉例說明：

《煞重用印格》

戊午
丙辰
日主　庚寅
丙戌

日主庚金生於辰月，為偏印格。此命局干上透出雙丙為煞，支上寅午戌會火局，又是煞。是煞旺身弱的格局，幸而有戊土出干，足以化煞。寅木本要破印，因會火局，反過來可生土，做戊土之根。戊土能生庚金，戊土為印，此即用印來生扶日主。此為『煞重用印格』。

◎真正的印格，例如正印格、偏印格，都不會用印來做用神。例如：丙火生於正月，母旺子相，若干透戊土，則取食神為用神。此格局稱為『印格用食』。若干透壬水，就取七殺為用神，為『印格用煞』格。若干透庚金，取財為用神，稱為『棄印就財』格，或是『取財破印』格。凡是印格，都是取其他的十神為用神的。

◎陰陽干相制的關係中有『印制傷，梟奪食』之說。例如：丙見戊土為食神。丙見甲為梟印，在命局四柱中甲就會剋去戊土。乙為丙之正印，乙對戊雖有相剋之情，但乙無力剋戊。

又例如：丙見己土為傷官，己見甲木則相合有情，剋而不盡力，己見乙則相剋了。

舉例說明：

《印格用食》

戊寅
庚申
日主 丙寅
庚寅

日主丙火生於七月是偏財格。支上有三寅，丙火日主身旺。用食神生財，用戊土生庚金偏財，為富格。以戊土為用神。此即為『印格用食』。

《印格用煞》

丁丑
壬寅
日主 丙寅
庚寅

日主丙火生於正月，支上有三寅，寅為丙火長生之地，故日主身旺。干上有壬庚兩透干。財滋弱煞。專用壬水為用神，壬水為煞。此為『印格用煞』。

《棄印就財》

乙未
戊寅
日主 丙申
辛卯

日主丙火生於正月，支上卯未會木局，丙辛相合，時干辛與年支未不能制乙，徒具傷剋之情，木盛用庚，取財破印，以庚金為用神。此稱為『棄印就財』。

(五)食傷格：

食神和傷官同為一格。此格的性質大致與官煞相同。輕的為食神，重的為傷官。食神須要生旺。傷官須要被剋制。食神在命局中只能見到單一的一個。若命局中見到二、三個，則以傷官而論。在命局中只要見到一個傷官就可以了。選用神的方式與食神格相同，在八格中只有食傷有單用的。如果命局中都是比劫，只看到一個食神或傷官，此命局的用神就是這個食神，或者就是這個傷官了。這種命格格局稱為『一神一用』。

◎食傷用財：如果命局中食傷多，一定要用財星洩食傷之氣，稱為『食傷生財格』。另外，財星遇劫，（劫財），必用食傷來救。表面上雖然也同為『食傷生財格』。但這是以食傷為用神。這與『食傷生財格』以財為用神是不同的。

◎食傷佩印：食傷佩印有兩種格局。

①是『病藥佩印』。例如日主是水，生於春天，有旺木洩氣，必須用金來剋木生水。又例如日主是土，生於秋天，有旺金洩氣必須用火來制金生土。以上兩個命局中的金和火都是用神，這種格局就是以用神為藥治病，稱為『病藥佩印』。以佩印為救的典型格局。

②是『調候用印』。例如木生於夏，火炎木枯，為木火真傷官。須以水為用神。這就是『調候用印』了。

如何選取喜用神

◎**調候用官**：例如命局中日主為金，生於冬天，是『金水真傷官格』。必須以『火』為用神。這就是『調候用官』。

◎**調候用食傷**：例如命局中日主為木，生於冬天，寒木向陽，必須用火。這就是『調候用食傷』了。

◎凡是五行中任何一種，生於冬天或夏天，都以調節氣候為重。其用神為用官、用印、用食傷、沒有一定的法則。只要對命局日主有益，能調節氣候的皆可，而不專論其用神應該為什麼。

舉例說明：

《食神生財格》

戊子
丙辰
日主 丙午
庚寅

日主丙火生於辰月，支上寅午會火局，身旺。用戊土（食神）洩火之氣，為用神。此為『食神生財格』。此狀況稱為『一神一用』。

《火土傷官格》

甲戌
辛未
日主 丙寅
乙未

日主丙火生於未月，支上寅戌會火局。全局甲乙印綬太旺，辛金正財被剋制。以未中己土傷官為用神。以傷官救財星，此為『火土傷官格』。

【食傷佩印】

《病藥佩印》

庚子
丙戌
日主 戊申
壬子

日主戊土生於九月土旺之時，有壬出干，支上申子會水局，財旺身弱，以水為病。用印制水生身為用神。此為『病藥佩印』。

《土金傷官佩印》

庚辰
丙戌
日主 戊戌
辛酉

日主戊土生於九月，四柱土金多，以印制食傷生身。以火制金生土為用神。以丙火為用神。此為『土金傷官佩印』。

《調候用印》

丙寅
甲午
日主 甲戌
辛未

日主甲木生於午月，支上有寅午戌會火局，四柱內全無水，又無庚金，為枯木，夏木傷官，必須佩印。此為『木火傷官格』。以胎元乙酉納音水為用神。此以『調候用印』。

㈥祿刃格：

祿與刃為同一格。命局所生月份、月令建祿或有陽刃，而日干又能得時乘旺的命格，其用神必是官煞或者是食傷。官煞要有財來生。食傷最好也有財來生。

如果命局中煞刃相停，煞與刃勢均力敵，則要用『印』來做用神。因此祿刃格最為簡單不過了。

◎若再以祿刃為用神的人，必是因命局中財太旺。祿刃就是比劫。財星太旺，印無力剋之，一定要用比劫。（食傷旺，也可用比劫，但不如用印好。倘若官煞旺，則非用印不可，比劫無法制之。）

◎煞刃格有二種：

一、是月令有陽刃，而四柱上別柱有官煞，則要用財以生煞。因日主生旺時，官煞就會休囚。因此要用財生煞，使勢均力敵而主貴。此為『陽刃格』見煞用財。

二、是月令為七煞（偏官），四柱中日和時上有刃。則要用印來解之。七煞當旺日元就會休囚。因此要用印來生助日主，以印為用神。此為『七煞格』見刃用印。

舉例說明

《陽刃格》

丁卯
丙午
日主 丙子
壬辰

日主丙火生於午月，為陽刃格。干上丁壬遙合，正是陽刃合煞，威權萬里。支上有子辰會水局，可解子午相冲之凶，喜得年支卯木印綬助丙。以子中癸水為用神，運行北方煞地主貴。

如何選取喜用神

《七煞格》

壬申
辛亥
丙午（日主）
庚寅

日主丙火，生於亥月，月令為偏官。丙午日坐陽刃，壬煞在申為長生，在亥為祿地，煞刃兩停，以寅中甲木為用神。用甲木偏印來生助日主為用神，此為清朝名將左宗棠之命格。

《建祿格》

辛巳
甲午
丁未（日主）
甲辰

日主丁火生於午月，干上甲木引丁，地支上辰巳午未聯珠，主武貴。因丁祿在午，為建祿格。此命局可惜無壬水，做『假炎上格』，命運多起伏。

第六節　以日主及生月取格局之簡易表

日主甲木的人

生月	格局取法
寅月	為建祿格。寅為甲祿。
卯月	為陽刃格。卯為甲刃。
辰月	四柱中干透戊土，為偏財格。干透癸水，為正印格。若四柱干上無戊癸，則可從偏財格、正印格中任取一格。
巳月	四柱中干透丙火為食神格。干透庚金為七殺格。干透戊土為偏財格。若干上無丙戊庚，則選支上人元藏用較多，較偏向那一格的為格局。
午月	四柱中干透丁火為傷官格。干透己土為正財格。若干上沒有丁己的人，則選支上人元藏用較多及較偏向上述二格之一的一格為格局。

未月	四柱中干透己土為正財格。干透丁火為傷官格。若二者都沒有，則看支上人元支用何者較多，較偏向上述二格之一的格局為格局。
申月	四柱中干透庚金為七殺格。干透戊土為偏財格，干透壬水為偏印格。若庚壬戊都不在干上，則在地支人元支用中看何者較多，較偏向上述格局中之那一格，則以其為格局。
酉月	四柱中干透辛金為正官格。無辛金透干也可為正官格。
戌月	四柱中干透戊土為偏財格。干透辛金為正官格。干透丁火為傷官格。若辛丁戊皆不在干上，可從地支人元支用中找何者最多，最偏上述格局中的那一格，則以其為格局。
亥月	四柱中干透壬水為偏印格。干上沒有壬水也可為偏印格。
子月	四柱中干透癸水為正印格。干上沒有癸水也可為正印格。
丑月	四柱中干透己土為正財格。干透癸水為正印格。干透辛金為正官格。若三者皆不在干上，則從地支人元支用中找何者最多，最偏向上述格局中的那一格，即以其為格局。

如何選取喜用神

日主乙木的人

生月	格局取法
寅月	四柱中干透戊土為正財格。干透丙火為傷官格。若丙戊都不在干上，則從上述二格中任選一格為格局。
卯月	為建祿格，卯為乙祿。
辰月	四柱中干透戊土為正財格。干透癸水為偏印格。若戊癸都不在干上，則從上述二格中任選一格為格局。
巳月	四柱中干透丙火為傷官格。干透庚金為正官格。干透戊土為正財格。若丙戊庚都不在干上，則從四柱地支人元支用中找何者最多，最偏向上述格局中的那一格，即為其為格局。
午月	四柱中干透丁火為食神格。干透己土為偏財格。若丁己皆不在干上，則在地支人元支用中找最多、最偏向那一格的為格局。
未月	四柱中干透己土為偏財格。干透丁火為食神格。若丁己皆不在干上，則任選上述二格之一為格局。

如何選取喜用神

申月	四柱中，有庚金出干為正官格。有戊土出干為正財格。有壬水出干為正印格。若四柱干上庚壬戊皆透干，或皆不透干，可酌取其一。
酉月	四柱中有辛金透干為七殺格。無辛金透干也可做七殺格。
戌月	四柱中有戊土出干為正財格。有辛金出干為七殺格。有丁火出干為食神格。若四柱干上辛丁戊全有或全無，亦可選其中之一種為格局。
亥月	四柱中有壬水出干為正印格。亥中自有壬水，四柱無壬水透干亦可做正印格。
子月	四柱中有癸水出干為偏印格。子為癸祿，縱使四柱無癸水出干亦可做偏印格。
丑月	四柱中有己土出干為偏財格。有辛金出干為七殺格。有癸水出干為偏財格。若四柱中干上己癸辛全有或全無的人，可酌取其中一個為格局。

日主丙火的人

生月	格局取法
寅月	四柱中有甲木出干，為偏印格。有戊土出干為食神格。若四柱干上甲戊全有或全無，可酌選其中之一為格局。
卯月	四柱中有乙木出干為正印格。干上無乙木也可取為正印格。
辰月	四柱中有戊土出干為食神格。有乙木出干為正印格。有癸水出干為正官格。若四柱中干上戊乙癸全有或全無，皆可酌取上述之一為格局。
巳月	四月生丙火為外格中的建祿格。巳為丙祿。
午月	五月生丙火為外格中的陽刃格。午為劫刃。
未月	四柱中有己土出干為傷官格。有乙木出干為正印格。若四柱干上乙己皆有或全無，取其一為格局。
申月	四柱中有庚金出干為偏財格。有戊土出干為食神格。有壬水出

	干為七殺格。若四柱干上庚壬戊全有或全無，從上述格局中取其一為格局。
酉月	四柱中有辛金出干為正財格。無辛金出干的也可做正財格。
戌月	四柱中有戊土出干為食神格。有辛金出干為正財格。若四柱干上戊辛全有或全無，可以上述格局中酌取其一為格局。
亥月	四柱中有壬水出干為七殺格。有甲木出干為偏印格。若四柱干上壬甲全有或全無，則以上述格局中酌選其一為格局。
子月	四柱中有癸水出干為正官格。若無癸水出干也可做正官格。因子月中有癸水。
丑月	四柱中有己土出干為傷官格。有辛金出干為正財格。有癸水出干為正官格。若四柱干上已癸辛全有或全無，可以上述格局選其中之一為格局。

日主丁火的人

生月	格局取法
寅月	四柱中有甲木出干為正印格。有戊土出干為傷官格。若四柱干上甲戊全有或全無，以上述格局中選其一為格局。
卯月	四柱中有乙木出干為偏印格。沒有乙木也可做偏印格。因卯月為乙之祿地。
辰月	四柱中有戊土出干為傷官格。有乙木出干為偏印格。有癸水出干為七殺格。若四柱中干上乙戊癸全有或全無，則可從上述格局中酉取其一為格局。
巳月	四柱中有庚金出干為正財格。有戊土出干為傷官格。若四柱干上戊庚全有或全無，以上述格局中選其一為格局。
午月	午為丁祿，故丁火生五月為外格中之建祿格。
未月	四柱中有己土出干為食神格。有乙木出干為偏印格。若四柱干上乙己都有或全無，可以上述二格中取其一為格局。

申月	四柱中有庚金出干，為正財格。有壬水出干為正官格。有戊土出干為傷官格。若四柱干上庚壬戊全有或全無，可以上述格局中選其一為格局。
酉月	四柱中有辛金出干為偏財格。酉為辛祿，故沒有辛金出干的也可做偏財格。
戌月	四柱中有戊土出干的是傷官格。有辛金出干為偏財格。若四柱干上戊辛全有或全無，可以上述二格中選其一為格局。
亥月	四柱中有壬水出干為正官格。有甲木出干為正印格。若四柱干上壬甲全有或全無，可選其一為格局。
子月	四柱中有癸水出干為七殺格。沒有癸水出干，亦可做七殺格。
丑月	四柱中有己土出干為食神格。有辛金出干為偏財格。有癸水出干為七殺格。若四柱干上己癸辛全有或全無，可選其一為格局。

日主戊土的人

生月	格局取法
寅月	四柱中有甲木出干為七殺格。有丙火出干為偏印格。若四柱干上甲丙全有或全無，可以上述二格中選取一格為格局。
卯月	四柱中有乙木出干為正官格。沒有乙木出干亦可取為正官格。
辰月	四柱中有乙木出干為正官格。有癸水出干為正財格。若四柱干上乙癸全有或全無，可選用其一為格局。
巳月	戊祿在巳，故四月生戊土之人為外格中之建祿格。
午月	午為劫刃，故五月生戊土之人為外格中之陽刃格。
未月	四柱中有丁火出干為正印格。有乙木出干為正官格。若四柱干上乙丁全有或全無，則選其中之一為格局。
申月	四柱中有庚金出干為食神格。有壬水出干為偏財格。若四柱干上庚壬全有或全無，則選其中之一為格局。

酉月	四柱中有辛金出干為傷官格。辛祿在酉，無辛金出干也可做傷官格。
戌月	四柱中有辛金出干為傷官格。有丁火出干為正印格。若四柱干上辛丁全有或全無，亦可以上述二格中選一種為格局。
亥月	四柱中有壬水出干為偏財格。有甲木出干為七殺格。若四柱干上壬甲全有或全無，則以上述二格中選一種為格局。
子月	四柱中有癸水出干為正財格。子為癸祿，無癸水出干，也可做正財格。
丑月	四柱中有癸水出干為正財格。有辛金出干為傷官格，若四柱干上辛癸全有或全無，亦可以上述二格中選其一為格局。

日主己土的人

生月	格局取法
寅月	四柱中有甲木出干為正官格。有丙火出干為正印格。若四柱干上甲丙全有或全無，則以上述格局中選其一為格局。
卯月	四柱中有乙木出干為七殺格。乙祿在卯，故無乙木出干，也可取為七殺格。
辰月	四柱中乙木出干為七殺格。有癸水出干為偏財格。若四柱干上乙癸全有或全無，則以上述二格中選其一為格局。
巳月	四柱中有丙火出干為正印格。有庚金出干為傷官格。若四柱干上丙庚全有或全無，則以上述二格中選其一為格局。
午月	午為己祿，故五月生己土之人為外格中之建祿格。
未月	四柱中有乙木出干為七殺格。有丁火出干為偏財格。若四柱干上乙丁全有或全無，則以上述二格中選其一為格局。

如何選取喜用神

申月	四柱中有庚金出干為傷官格，有壬水出干為正財格。若四柱干上庚壬全有或全無，則以上述二格中選取其一為格局。
酉月	四柱中有辛金出干為食神格。酉為辛祿，若四柱干上無辛金，也可做食神格。
戌月	四柱中有丁火出干為偏印格。有辛金出干為食神格。若四柱干上丁辛全有或全無，則可以上述二格中選其一為格局。
亥月	四柱中有壬水出干為正財格。有甲木出干為正官格。若四柱干上壬甲全有或全無，則以上述二格中選其一為格局。
子月	四柱中有癸水出干為偏財格。子為癸祿，故干上無癸水者亦可做偏財格。
丑月	四柱中有辛金出干為食神格。有癸水出干為偏財格。若四柱干上辛癸全有或全無，則以上述二格中選其一為格局。

日主庚金的人

生月	格局取法
寅月	四柱中有甲木出干為偏財格。有丙火出干為七殺格。有戊土出干為偏印格。若四柱干上甲丙戊全有或全無，則以上述二格中選其一為格局。
卯月	四柱中有乙木出干為正財格。無乙木亦可取正財格。因乙祿在卯。
辰月	四柱中有戊土出干為偏印格。有乙木出干為正財格。有癸水出干為傷官格。若四柱干上乙戊癸全有或全無，則以上述三格中選其一為格局。
巳月	四柱中丙火出干為七殺格。有戊土出干為偏印格。若四柱干上丙戊全有或全無，則以上述二格中選其一為格局。
午月	四柱中有丁火出干為正官格。有己土出干為正印格。若四柱干上丁己全有或全無，則以上述二格中選其一為格局。

未月	四柱中有己土出干為正印格。有乙木出干為正財格。有丁火出干為正官格。若四柱干上乙己丁全有或全無，則以上述格局中選其一為格局。
申月	申為庚祿，故七月生庚金之人，為外格中之建祿格。
酉月	酉為劫刃，故八月生庚金之人，為外格中之劫刃格。
戌月	四柱中有戊土出干為偏印格。有丁火出干為正官格。若四柱干上丁戊全有或全無，則以上述二格中選其一為格局。
亥月	四柱中有壬水出干為食神格。有甲木出干為偏財格。若四柱干上壬甲全有或全無，則以上述二格中選其一為格局。
子月	四柱中有癸水出干為傷官格。子中有癸祿，故無癸水出干，亦可做傷官格。
丑月	四柱中有己土出干為正印格。有癸水出干為傷官格。若四柱干上己癸全有或全無，則以上述二格中選其一為格局。

日主辛金的人

生月	格局取法
寅月	四柱中有甲木出干為正財格。有丙火出干為正官格。有戊土出干為正印格。若四柱干上甲丙戊全有或全無，則以上述格局中選其一為格局。
卯月	四柱中有乙木出干為偏財格。乙祿在卯，故乙木不出干，亦可做偏財格。
辰月	四柱中有戊土出干為正印格。有乙木出干為偏財格。有癸水出干為食神格。若四柱干上乙戊癸全有或全無，則以上述三格中選其一為格局。
巳月	四柱中有丙火出干為正官格。有戊土出干為正印格。若四柱干上丙戊全有或全無，則以上述二格中選其一為格局。
午月	四柱中有丁火出干為七殺格。有己土出干為偏印格。若四柱干上丁己全有或全無，則以上述二格中選其一為格局。

未月	四柱中有己土出干為偏印格。有丁火出干為七殺格。有乙木出干為偏財格。若四柱干上乙己丁全有或全無，則以上述三格中選其一為格局。
申月	四柱中有壬水出干為傷官格。有戊土出干為偏印格。若四柱干上戊壬全有或全無，則以上述二格中選其一為格局。
酉月	酉為辛祿，八月生辛金之人，其格局為外格中的建祿格。
戌月	四柱中有戊土出干為正印格。有丁火出干為七殺格。若四柱干上丁戊全有或全無，則以上述二格中選其一為格局。
亥月	四柱中有壬水出干為傷官格。有甲木出干為正財格。若四柱干上壬甲全有或全無，則以上述二格中選其一為格局。
子月	四柱中有癸水出干為食神格。子為癸祿，故無癸水出干亦可選為食神格。
丑月	四柱中有己土出干為偏印格。有癸水出干為食神格。若四柱干上己癸全有或全無，則以上述二格中選其一為格局。

日主壬水的人

生月	格局取法
寅月	四柱中有甲木出干為食神格。有丙火出干為偏財格。有戊土出干為七殺格。若四柱干上甲丙戊全有或全無，則以上述三格中選其一為格局。
卯月	四柱中干上有乙木為傷官格。乙祿在卯，故無乙木出干亦可選為傷官格。
辰月	四柱中有戊土出干為七殺格。有乙木出干為傷官格。若四柱干上乙戊全有或全無，則以上述二格中選其一為格局。
巳月	四柱中有丙火出干為偏財格。有庚金為偏印格。有戊土出干為七殺格。若四柱干上丙庚戊全有或全無，則以上述三格中選其一為格局。
午月	四柱中有丁火出干為正財格。有己土出干為正官格。若四柱干上丁己全有或全無，則以上述二格中選其一為格局。

未月	四柱中有己土出干為正官格。有丁火出干為正財格。有乙木出干為傷官格。若四柱干上乙己丁全有或全無，則以上述三格中選其一為格局。
申月	四柱中有庚金出干為偏印格。有戊土出干為七殺格。若四柱干上戊庚全有或全無，則以上述二格中選其一為格局。
酉月	四柱中有辛金出干為正印格。辛祿在酉，故四柱無辛金出干，亦可為正印格。
戌月	四柱中有戊土出干為七殺格。有丁火出干為正財格。有辛金出干為正印格。若四柱干上戊丁辛全有或全無，則以上述三格中選其一為格局。
亥月	亥為壬祿，故十月生壬水之人，其格局為外格中之建祿格。
子月	子為劫刃，故十一月壬水之人，其格局為外格中之陽刃格。
丑月	四柱中有己土出干為正官格。有辛金出干為正印格。若四柱干上己辛全有或全無，則以上述二格中選其一為格局。

日主癸水的人

生月	格局取法
寅月	四柱中有甲木出干為傷官格。有丙火出干為正財格。有戊土出干為正官格。若四柱干上甲丙戊全有或全無，則以上述三格中選其一為格局。
卯月	四柱干上有乙木出干為食神格。乙祿在卯，故無乙木出干，亦可取為食神格。
辰月	四柱中有戊土出干為正官格。有乙木出干為食神格。若四柱干上乙戊全有或全無，則以上述二格中選其一為格局。
巳月	四柱中有丙火出干為正財格。有戊土出干為正官格。有庚金出干為正印格。若四柱干上丙戊庚全有或全無，則以上述三格中選其一為格局。
午月	四柱中有丁火出干為偏財格。有己土出干為七殺格。若四柱干上丁己全有或全無，則以上述二格中選其一為格局。

如何選取喜用神

未月	四柱中有己土出干為七殺格。有丁火出干為偏財格。有乙木出干為食神格。若四柱干上乙丁己全有或全無，則以上述三格中選其一為格局。
申月	四柱中有庚金出干為正印格。有戊土出干為正官格。若四柱干上庚戊全有或全無，則以上述二格中選其一為格局。
酉月	四柱中有辛金出干為偏印格。辛祿在酉，故八月生癸水之人，四柱干上無辛金出干亦可為偏印格。
戌月	四柱中有戊土出干為正官格。有丁火出干為偏財格。有辛金出干為偏印格。若四柱干上戊丁辛全有或全無，則以上述三格中選其一為格局。
亥月	四柱中有甲木出干為傷官格。四柱無甲木亦可為傷官格。
子月	子為癸祿，故十一月生癸水之人為建祿格。
丑月	四柱中有己土出干為七殺格。有辛金出干為偏印格。若四柱干上己辛全有或全無，則以上述二格中選其一為格局。

第七章

如何從格局中選取用神

在命局中，格局代表一人個人的身體，用神就是靈魂。因此沒有身體、靈魂便難以存在而虛無，是故格局和用神是無法分開的。

第七章　如何從格局中選取用神

第一節　從八格中選取用神的方法

每一個人只要出生，有出生年、月、日、時，就稱之『命』，每一個命局，必會形成一個格局，我們將之歸類於正財格、偏財格、正官格、偏官格（七殺格）、正印格、偏印格、食神格、傷官格，八個格局之內，這樣比較方便來找尋用神。

八格如何產生

八格之取法如下：

①人所出生的月份，也就是八字中四柱上的月支，有本氣透出於天干的時候，就以此氣為格。例如正月寅木主旺，寅中有甲，倘若八字

四柱中的月柱是甲寅，而甲祿在寅，故取建祿格。其他如月柱是乙卯、戊辰、己未、庚申、辛酉、戊戌等都是建祿格。在這些月支本氣中，還有巳月在四柱干上透丙，午月在四柱干上透丁、亥月在四柱干上透壬，這些雖不是直接在月柱上干支相連。但巳宮為丙祿之地。午宮為丁祿之地。亥宮為壬祿之地，故也為建祿格。

②倘若八字四柱上，並沒有直接透出月支的本氣在干上，而只是透出月支所藏之人元支用之神，就以此人元支用取為格局。例如有人生於寅月，八字四柱干上沒有甲，卻有丙或戊，則可取丙為食神格。或是取戊為偏財格。

倘若四柱干上，丙戊都有透出在干，則選一個較強、較有力，並且與其他的透干之字沒有相剋或相合的為格局，例如丙火強，就取食神格。例如戊土強，就取偏財格。

③倘若八字四柱中，月支的本氣並沒有透出在干上，月支內所藏之支用之神也沒有出現在四柱的天干上，則以月支之支用中，選擇一個較強，較利於日主的，並且少與其他干上之神有相剋、相合現象的，

做為格局名稱。

例如下例：

辛亥
庚寅
日主 壬甲
乙巳

寅中藏甲丙戊，卻沒有出現在天干之上，就以月支寅中選擇一個有力又不會和日主壬水相剋相合的甲木為格局。甲木是食神，故此例為『食神格』。

④比劫是不能專門取做格局名稱的。

如何從格局中選取用神

選取用神，有許多條件，第一、要看日主是強、是弱。第二、要看格局是好、是壞。也有太過，或者是不及的。日主的強弱是以生月是否得令，以及是否有相生相助幫扶日主的天干，或是支聚有助的形局，即

如何選取喜用神

構成日主的強勢，此稱為『身強』。倘若日主的生月不得令，而又有相剋害、刑冲的天干和地支，則為『身弱』，日主較弱。日主和格局通常像一個人的身體，而『用神』就是人的靈魂。用神能救格局的破敗，助格局成功。日主身強太旺時，用神會補助格局中的不足。日主太弱時，又能救助格局，使其成功，因此用神就是人命局中最重要的關鑑元素。

八格中用神之取法

正官格

①在日干與月令形成『正官格』時，倘若日干強，四柱印多，以『財』為用神。

②在日干與月令形成『正官格』時，倘若日干強，四柱上食傷多，則最好以『財』為神。

③在日干與月令形成『正官格』時，倘若日干較弱，而四柱上財星較重（較多），則以『比劫』為用神。若無比劫就用『印』做用神。

如何選取喜用神

④在日干與月令形成『正官格』時，倘若日干弱，四柱上食傷較多，則以『印』做為為用神。

⑤在日干與月令形成『正官格』時，倘若日干弱，四柱上官殺多而重，則以『印』做為用神。

⑥在日干與月令形成『正官格』時倘若日干弱，四柱上比劫較多，則以『官煞』為用神。

舉例說明：

丙戌
丁酉
日主 甲寅
丁卯

日主甲木生於八月為正官格。木氣休囚為日主弱，酉月金旺乘權。干上有丙、丁食神、傷官透出干，支上寅戌會火局，又是食傷，食傷太重，酉金官星被剋制太過，以『印或官煞』為用神皆可。

此以酉金官星為用神，行金水運。

正、偏財格

①在日干與月令形成『正、偏財格』時，倘若日干強、日主旺，若四柱中比劫多，重重出現在干上，用『食傷』為用神最好。用『官殺』做用神也可以。

②在日干與月令形成『正、偏格』時，倘若日干強，日主旺，若四柱中多有印，則用『財』為用神最好。

③在日干與月令形成『正、偏財格』時，倘若日主弱，四柱食傷較多，則以『印』為用神。

④在日干與月令形成『正、偏財格』的，倘若日主強，四柱印多則要以『財』為用神。

舉例說明：

戊寅
庚申
丙寅 日主
庚寅

日主丙火生於七月為偏財格。丙火在申為病地氣衰。支上三寅為火長生之地，日主轉旺。庚財被制，幸庚祿在申，為通根。用戊土食神生庚金之財為用神。戊土是用神。

※通根：即天干上之元素，在地支人元所藏支用中出現，上下一氣之意。

正、偏印格

①在日干與月令形成『正、偏印格』的，倘若日主強，四柱印多則要以『財』為用神。

②在日干與月令形成『正、偏印格』時，倘若日干強，四柱財多，則以『官殺』為用神。

③在日干與月令形成『正、偏印格』時，倘若日主強，四柱比劫重重，則選用在命局中有官殺，則以『官殺』為用神。若沒有官殺，則以『食傷』做用神。

④在日干與月令形成『正、偏印格』時，倘若日主弱，而四柱出現的官殺多，最好以『印』為神。

如何選取喜用神

⑤在日干與月令形成『正、偏印格』時，倘若日主弱，而四柱食傷多，最好以『印』為用神。

⑥在日干與月令形成『正、偏印格』時，倘若日主弱，四柱財多，則以『比劫』為用神。

舉例說明：

甲戌
乙亥
日主　乙亥
己卯

日主乙亥生於十月為正印格。干上比劫多，幸有己土財星出干，用丙火傷官化比劫而生財。以戊中戊土為用神。行南方運主大富。

食神格

①在日干與月令形成『食神格』時，倘若日干強，四柱財多，則以『七殺』為用神。

②在日干與月令形成『食神格』時，倘若日干強，四柱多比劫，則以『食傷』為用神。

③在日干與月令形成『食神格』時，倘若日主強，四柱印多，則以『

財』為用神。

④在日干與月令形成『食神格』時，倘若日主弱，而四柱出現的官殺多，最好以『印』為用神。

⑤在日干與月令形成『食神格』時，倘若日主弱，而四柱財多，最好以『比劫』為用神。

⑥在日干與月令形成『食神格』時，倘若日主弱，四柱食傷太多，則以『印』為用神。

舉例說明：

戊子
丙辰
日主 丙午
庚寅

日主丙火生於三月，為食神格。支上有寅午會火局助身，身旺。用戊土食神洩火氣，以生財星庚金。此為食神生財格。

用神為戊土。

傷官格

①在日干與月令形成『傷官格』時，倘若日主強，四柱印多，則以『財』為用神。

②在日干與月令形成『傷官格』時，倘若日主強，四柱比劫多，則以『七殺』為用神。

③在日干與月令形成『傷官格』時，倘若日主弱，四柱財多，則以『比劫』為用神。

④在日干與月令形成『傷官格』時，倘若日主弱，四柱官殺多，則以『印』為用神。

⑤在日干與月令形成『傷官格』時，倘若日主弱，四柱食傷多，則以『印』為用神。

舉例說明：

癸未
丙辰
丁未（日主）
戊申

日主丁火生於三月為傷官格。支上有申辰會水局，又有癸水（官星）出干，日主弱，以戊土傷官制官煞癸水為用神。戊癸皆通根辰庫，為喜用同宮，主貴。

如何選取喜用神

偏官格（又稱七殺格）

①在日干與月令形成『偏官格』（七殺格）時，倘若日主強，四柱印多，則以『財』為用神。

②在日干與月令形成『偏官格』（七殺格）時，倘若日主強，四柱上比劫多，則以『官煞』為用神。

③在日干與月令形成『偏官格』（七殺格）時，倘若日主強，四柱官殺重重，則取『食傷』為用神。

④在日干與月令形成『偏官格』（七殺格）時，倘若日主弱，而四柱財多，則以『比劫』為用神。

⑤在日干與月令形成『偏官格』（七殺格）時，倘若日主弱，四柱上食傷多，則以『印』為用神。

⑥在日干與月令形成『偏官格』（七殺格）時，倘若日主弱，四柱上官殺多，則以『印』為用神。

舉例說明：

如何選取喜用神

丁酉
戊申
日主 甲申
乙亥

日主甲木生於七月為偏官格（七殺格）。申、酉中庚辛為官星。此格中戊土財星制住亥、申中壬水印星，使庚煞官星不洩。並可相生官煞。以丁火傷官駕煞為用。以丁火為用神。運行南方，主貴。

總而言之，在所有的正格中，都不外乎①印綬多就以財星做用神。②官煞多，就用印做用神。財星多則用比劫做用神，沒有比劫就用印做用神。③食傷多的，日主強就用財星做用神。日主弱的就用印做用神。比劫多的，日主強，用食傷做用神。日主弱用官煞或用印都可做用神。

狀況如下：

印多——用財
食傷多——用財——日強
——用印——日弱
官殺多——用印
比劫多——用官煞——日弱
——用印——日弱

——用食傷——日強

財多　——用比劫，無比劫用印

這是大概的用法，不過還是要以命局當時的需要為一個準則，來取用用神。

第二節　從基本『外格』中選取用神的方法

何謂外格

通常我們由八格中探求干支的五行、生剋，可以找到百分之八十的命格格局。但是仍有百分之二十的命理格局，在干支上是具有特別的特異之點，自成一種形象。因此外格又稱『雜格』或『變格』。

『外格』的種類繁多，歷代以來，某些懂得命理者，常因算某一人的命而特設一格，因此外格常有五花八門的現象，現將常見的，大家常用的外格擇錄供讀者參考之用。

精彩的『外格』

《曲直仁壽格》

『曲直仁壽格』的形成，是日主為甲木、乙木，生於春月，地支形成亥卯未會木局，或是寅卯辰支類東方俱全，四柱中沒有庚辛、申酉等字的命理格局，稱之為『曲直仁壽格』。

『曲直仁壽格』，其秀氣完全聚集在日主天干之『木』上，即是以『木』為用神。害怕有金來相剋，喜水木相生相助，有火使木火通明，逢土為木之財。四柱需有食傷，沒有分爭為吉。遇火運，稱之『英華秀發』必須命局中有財無印，才無反剋之現象。遇金運為『破局』，凶多吉少。

舉例說明：

	甲寅
	丁卯
日主	甲辰
	丙寅

日主甲木生於二月，支上有寅卯辰支類東方，一片秀氣，天干又得丙丁化氣，使甲木發洩菁華。為『曲直仁壽格』。用神為甲木。

《炎上格》

『炎上格』的形成，是日主為丙火、丁火，生於夏月，地支成寅午戌會火局，或是地支全巳午未南方，而四柱中沒有壬癸、亥子等字的命理格局，稱之為『炎上格』。『炎上格』之秀氣完全聚集在日主天干之『火』上，就是以『火』為用神。害怕有『水』來剋滅。喜木火相助生旺，見土亦吉，因火會生土。火逢金為財，必須有土（食神、傷官）才可。否則必有剋制不吉。『炎上格』逢水局為破局，凶多吉少。行東南木火運大吉。

舉例說明：

丙戌
甲午
日主 丙寅
乙未

日主丙火生於五月，支上寅午戌會火局，四柱無水，日干丙火又得干上甲乙之助，木從火勢，為『炎上格』。

《稼穡格》

『稼穡格』的形成，日主為戊土、己土，生於三月、六月、九月、十二月（合稱四季月），地支上有辰戌丑未四字俱全，或者是四柱純都是土，而四柱中沒有甲乙、寅卯等字的命理格局，稱之為『稼穡格』。『稼穡格』之秀氣，完全萃集在日干之『土』上，因此以『土』為用神。害怕有木來剋制。喜歡火土相助相生。見金為吐秀，因金生土。逢水為財，但必須有『金』在才行。『稼穡格』也忌木運，喜火土運程主吉。

舉例說明

己未
丁丑
戊子　日主
己未

日主戊土生於十二月，天干有戊己，又有丁火。地支有丑未，再加上子丑化土，化象斯真，格局已成『稼穡格』。四柱無木相剋，以『戊土』為用神。

《從革格》

『從革格』之形成，是日主為庚金、辛金，生於秋季之月，地支上有申、酉、戌支類西方俱全，或者是有巳酉丑會成金局。而四柱完全沒有丙丁、午未等字的命理格局，稱之為『從革格』。

『從革格』之秀氣完完萃聚在日干之『金』上，因此以『金』為用神。害怕有火來剋制。喜歡土金相生相扶。見水為吐秀亦吉。金逢木為財，必須有水配合才成。『從革格』喜歡金水運，凡此命人須行金水運大發。行木火運大凶。

舉例說明：

	庚申
	乙酉
日主	庚戌
	庚辰

日主庚金生於八月，天干上有三金，且有乙庚相合化金。地支上申酉戌支類西方俱全，此為『從革格』。此命格可惜無水，殺氣太重，行伍出身，不能善終。有水則反吉。

《潤下格》

『潤下格』之形成，是日主為壬水、癸水，生於冬月水旺之時。地支上有亥子丑支類北方俱全，或是地支上有申子辰會成水局。在四柱上沒有戊己、未戌等字的命理格局，稱之為『潤下格』。

『潤下格』其秀氣完全聚集在日主天干上之『水』，因此以『水』做用神。害怕有土木相剋。喜歡有金水來相生相扶。見木為吐秀亦吉。逢火為財。但須有木配合才行。『潤下格』喜歡金水運，凡此命人須行金水運大吉。行火運受剋大凶。

舉例說明：

壬子
辛亥
癸丑　日主
壬子

日主癸水生於亥月，干上有壬辛，支上亥子丑支類北方俱全。為『潤下格』。此命局行金水運吉發。行丙運不吉。

凡是格成『曲直仁壽格』、『炎上格』、『稼穡格』、『從革格』、『潤下格』此五格的人，都是命從一方之秀氣。必須要得時當令，遇旺而逢生。因日干過於強盛，必須用引通的方式較好。命局的整體氣勢也必須觀察清楚，凡是見財星的，四柱必須有食傷，並且考慮制化分爭。有食傷相助的，又必須要看全局中必須有財無印，以免會有反剋的現象而生災。合於吉象的命局之人，名利可遂心。

此五個格局皆稱『獨象』。為『權在一人』之意。亦稱『一行得氣』。化神是指食傷。若格局中化神昌旺。歲運（年運）運行化神（食傷）之地，名利大有。凡是八字中五行都具備的人，固然稱做合宜。但是『獨象乘權』，一定就是一生光耀亨昌的表現了。

《從格》

從格的形式是有的因為日主衰弱，孤立無氣，四柱又沒有可生扶的干支，若是命局中滿是官星，就稱之『從官格』。亦稱『從殺格』。若命局中多是財星，就稱其為『從財格』。

從格亦有『從旺格』、『從強格』及『從勢格』、『從兒格』都是從其旺神而形成的格局。

《從財格》

『從財格』的形成，是由日主衰弱，又生於財月。（月支為日主之財），本來應該算是正、偏財格。但是地支屬財地，或形成財局。天干又有生財、輔財的字。而日干卻沒有一點生旺之氣。因此不能剋制財（任財），只有『從財』了。

『從財格』之秀氣，完全萃集於所從之財星之上。因此以『財星』為用神。要食神、傷官及財星的生扶，不能有比劫來奪財，也不可有印星來助日主。逢官星則不怕有傷。

舉例說明：

例㈠　戊申　日主丁火生於酉月，酉是丁的財地，地支上巳酉丑會成金局，
　　　辛酉　又是財局。天干有戊土、辛金，會幫扶財星。此時日干無氣。
日主　丁巳　因此做『從財格』論。用神為辛金財星。
　　　辛丑

例㈡　戊戌　日主乙木生於辰月，土為木之財，辰是乙木的財地。乙又坐
　　　丙辰　於未上，四柱土重財多，身弱。春土氣虛，得丙火旺實。火
　　　乙未　為木之秀氣，土為火之秀氣三者俱全。四柱不見金水。因此
日主　丙戌　為『從財格』。用神為『戊土』。運行南方火地，主名利之
貴。

《從殺格》

『從殺格』之形成，是因日主衰弱，煞旺而多，四柱上沒有印來滋助日主，日主無法制伏煞（任殺），只好從煞，故稱之為『從殺格』。

『從殺格』之勢力完全聚在殺星（官星）之上，因此以殺星為用神。

這是與八格用殺不同之處。『從殺格』必須要財生殺旺，財與煞相互滋生幫扶，不可有印來洩殺及生助日主。若有比劫來抵抗官煞也不好。

若日主衰弱，四柱中官旺而且多，沒有印來相助日主，日主無法制官，亦可做為『從官格』來論。其用神和喜神是與從殺格是一樣的。

※任殺即剋制殺星。任官即剋制官星。『任』有支配、剋制之意。

舉例說明：

例(一)

丁卯
壬寅
日主 庚午
丙戌

日主庚金生於寅月，干上有丙丁，支上有寅午戌會火局。年支卯木為財。干上又有丁壬相合化木，財生煞旺，木從火勢，從象斯真，為『從煞格』。

例(二)

辛巳
辛丑
日主 乙酉
乙酉

日主乙本生於丑月，干上有雙辛為官煞，支上巳酉丑會金局，從煞斯真，為『從煞格』。

如何選取喜用神

《從旺格》

「從旺格」之形成，是命格四柱中都是比劫（同類），是日主極旺之至，命局中沒有任何官殺剋制。因從其旺神，是為「從旺格」。

「從旺格」當然就是以「比劫」為用神了。此命局的人，喜歡印綬、比劫來生助日主。若有官殺來剋，稱之「犯旺」。凶災立刻會顯現。若遇財星和群劫相爭，一生起伏大，九死一生。倘若命中印綬較少，不旺，則有食傷亦可。

舉例說明：

例(一)：

丙午
甲午
日主　丙午
甲午

日主丙火生於午月，四柱皆有午刃，干上有甲丙透出，日主極旺。只可順其勢，不可逆其勢。此為「從旺格」。用神為「丙火」行木火運吉發。行水運犯其旺神，大凶。

例(二)

癸卯
乙卯
日主 甲寅
乙亥

日主甲木生於卯月，支上有兩卯，寅又為甲木之祿地。支上亥卯會木局。干上又有雙乙之助。癸印亦幫身。日主旺之極矣。因此從其旺神，為『從旺格』。用神為『甲木』。行甲運主大吉。行金運，犯其旺神，主凶。

《從強格》

『從強格』之形成，是因命局中日主得令，但四柱印綬多，比劫也多，卻毫無官殺、財星之氣，此現象稱為『二人同心』。只宜順其勢，不可逆其勢，稱為『從強格』。

『從強格』，都是以強神做為用神。並且可以以印綬與比劫並用。若有比劫、印綬，則順其強神，主大吉。食傷因會與印綬沖剋，所以不能用，也不吉。若有財星、官殺出現，稱之『觸及強神』有大凶。

舉例說明：

	癸酉
	癸亥
日主	庚申
	丁亥

日主庚金生於亥月，水勢當令，金逢祿旺，庚金在申為祿旺之地。時上丁火無根，全局為金水氣勢，亦以從『金水』而論，丁火反為『病』，因此金水皆可做用神。行金水運大發。行火土運大凶。

《從兒格》

「從兒格」之形成，是由於日主衰弱，又無印綬來生助日主，而食傷當旺，或在干上結黨（有多個食傷在天干），地支又有食傷的會局。日主實在無法忍受食傷盜洩其氣，只有從食傷之氣。食傷為日主所生，故稱『從兒格』。

「從兒格」即以食傷為秀氣，並以『食傷』做用神。此命局喜歡比劫和財星。比劫會生助食傷。日主會生食傷，食傷再生財星，稱做『兒又生兒』以輾轉生育來比喻之。因此秀氣暢行無阻。但是此格局遇官殺則不利。官殺會剋日主，官殺與食傷亦相剋，因此有官殺不吉。並也不喜有印綬。因為印綬會剋制食傷之故。行運亦是如此。倘若命局中有同類的食傷來相助日主，當然是更好了。

舉例說明：

丁卯
壬寅
日主 癸卯
丙辰

日主癸水生於寅月，支上有寅卯辰支類東方，木氣旺，四柱無金。日主癸水有洩無生，不能制服旺木，不得已而從之，稱為『從兒格』。以寅中『甲木』傷官為用神。行甲運，金運不吉。

《化氣格》

『化氣格』之形成，即是以命局四柱天干上有甲己相合化土，丙辛相合化水、戊癸相合化火、乙庚相合化金、丁壬相合化木而形成的。

凡是在『化氣格』所形的命局也會因有剋星而破敗，或因有妬星而破敗，或因有化星而破敗。例如命局中天干上有丙辛相合化水，但有戊土出干，戊土剋水而成破格。例如命局天干上有丁壬相合化木，會因天干上再有二個丁妬合一壬而分力，成為破格。例如命局天干上有甲己相合化土，而命局天干上同時又有丁壬相合化木，木來剋土，兩化局相剋而成為破格。

如何選取喜用神

『化氣格』也可使命局轉敗為勝。例如㈠因命局中干上有化合，而產生相剋，成為破格，因破得好，而使命局轉敗為勝，㈡因命局中其他的剋星先受到剋制，而不能危害到化合之神，這是因剋而轉敗為勝。㈢因命局中本來因妬而爭合的局面，會成破局的狀況，會因雙雙化合，而化合成功。㈣因命局中本來命局中因妬而爭合的局面，因另一字剋去相妬的一角，而使化合成功。

『化氣格』會因本可相化合的兩位天干，因隔位，而化合不成。倘若月令不得令亦不能化合成功。例如：丁壬相合化木，若生於戌月，而不是木所秉令之時，豈能化木成功。就算是化了木，也不能得旺成權，格局也無法成立。『化木格』必須在亥月、未日方可化木，因木生於亥，而庫於未之故。

『化氣格』所使用的用神，當然是以合助化神，或是化格逢破得救的救神為用神了。當然不會以剋破化神的做為用神。『化氣格』也是以順應用神需要的為喜用，為行運之地。與用神相剋相害的為『忌神』。

能形成『化氣格』最重要的月、日、時

日主為甲木生於己月。日主為己土生於甲月。日主為己土生於甲時。以上這四種狀況，甲己兩干為相臨，又生於月支為戌、丑、未月，四柱不見木，甲己會化合為土，稱為『化土格』。

日主為乙木生於庚月。日主為乙木生於庚時。日主為庚金，生於乙月。日主為庚金生乙時。這四種狀況，乙庚在干上相臨，又生於月支為巳、酉、丑月。四柱不見火，乙庚會相合化金，稱其為『化金格』。

日主為丙火生於辛月。日主為丙火生於辛時。日主為辛金生於丙月。日主為辛金生於丙時。這四種狀況，丙和辛在天干相臨，又生於月支為申、子、辰月，四柱不見土，丙辛會化合為水稱為『化水格』

日主為丁火生於壬月。日主為丁火生於壬時。日主為壬水生於丁月。日主為壬水，生於丁時，此四種狀況，丁壬在天干上相臨，又生於月支為亥卯未寅月，四柱不見金，丁壬會化合為木，稱為『化木格』。

日主為戊土，生於癸月，日主為戊土生於癸時。日主為癸水生於戊

月。日主為癸水生於戊時。此四種狀況，戊癸在天干上相臨，而又生在月支為寅、午、戌月，四柱不見水，戊癸相合化火。故稱為『化火格』。

舉例說明：

《化氣格、化土》

戊辰
壬戌
日主 甲辰
己巳

日主甲木生於戌月，值土旺乘權之時，干上有戊土出干，又有甲己相合化土。四柱支上辰戌巳中都有土。化氣有餘，並且四柱不見其他的木來剋，格局純正為『化土格』。以巳宮丙火為用神，行運以火土運為吉利。水土運及東北運程不吉。

《化氣格・化木》

己卯
丁卯
日主 壬午
甲辰

日主壬水生於卯月，干上有丁壬相合化木，支上有雙卯，並有甲木之神透出，『化木格』形成。日支午中有丁火傷官，木遇傷官吐秀，四柱無金來剋，格局完整純粹。用神為『丁火』。運行東方木運主貴。金水運不吉。

如何選取喜用神

《化氣格・化金》

日主

癸丑
乙丑
庚申
己卯

日主庚金生於丑月，干上乙庚相合化金。四柱不見火，支上丑中有辛金、申中又有金之祿，故『化金格』成立。以『己土』為用神。

《化氣格・化水》

日主

丙子
壬辰
辛亥
丙申

日主辛金生於辰月，支上有申子辰會水局，干上丙辛相合化水。『化水格』成立。以時支申中『庚金』為用神，可生助化神。

《化氣格・化火》

日主

丙戌
戊戌
癸丑
甲寅

日主癸水生於戌月，支上寅戌會火局，干上戊癸相合化火。四柱無水，有丙甲財傷出干，『化火格』成立。以『甲木』為用神。

如何選取喜用神

《化氣格之破格》（因剋而破）

日主

丙戌
戊戌
癸巳
壬戌

日主癸水生於九月，干上有戊癸相合化火。支上戌宮為火土。巳宮為火之祿。但干上有壬水剋丙，壬水奪財，『化火格』破了，為破格。用神為『丙火』。

《化氣格之破格》（用化而破）

日主

壬辰
丁未
甲子
己巳

日主甲木生於未月，支上子辰會水局。干上丁壬相合化木，而甲己相合化土。木剋土，土又剋支上水局，因此化神破化神，為『破格』。

《化氣格之破格》（因妒而破）

日主

辛未
丙申
辛酉
壬辰

日主辛金生於申月，支上有申辰會水局，干上有兩辛妒合一丙，因妒分力，而成破格。

《建祿格》

建祿格之形成是這樣的，凡是月支為日主之祿地，皆可成為建祿格。例如日主為甲木生於寅月、日主乙木生於卯月、日主丙火生於巳月、日主丁火生於午月、日主戊土生於巳月、日主為己土生於午月、日主庚金生於申月、日主辛金生於酉月、日主壬水生於亥月、日主癸水生於子月等，都是『建祿格』。

在命理中，月支為整個命局的提綱關鍵。既是定格局的關鍵，也是定日主強弱、旺衰的關鍵。命局的提綱得祿，就是整個命局先得到月令的旺氣，日主就一定生旺，而不會衰弱了。倘若在命局中再得到財、官、食傷的配置、配合適當，則一定成為好的命局，一生行運順利，能成就大事業。

若命局上得祿的是年支、日支、時支，其輔助日主的力量是弱於月支得祿的。因為月支建祿時的格局會較好，並且優先得到旺氣，是非常可貴的。

如何選取喜用神

建祿格取用神的要點：

①在命局中日主弱時，四柱財多，最好用「比劫」為用神。
②在命局中日主弱時，四柱官殺多，最好用「印」為用神。
③在命局中日主弱時，四柱食傷多，最好用「印」為用神。
④在命局中日主強時，四柱財多，最好用「官殺」為用神。用「食傷」為用神亦可。
⑤在命局中日主強時，四柱官殺多，最好用「財」為用神。
⑥在命局中日主強時，四柱食傷多，最好用「財」為用神。
⑦在命局中四柱比劫多，則用「官殺」為用神。
⑧在命局中四柱印多，最好用「財」為用神。

《月刃格》

《月刃格》的形成，是由於月支為日主之刃而得名。刃為極旺而逾越其分之意。刃是凶煞，在提綱月令上，勢力更強旺，倘若能配合得當，可輔佐日主，化殺為權。配合不當，則會奪財生禍。日主為陽干生於帝旺之月，由形勢取刃格，因此又叫做『陽刃格』。

『陽刃格』有日主甲木生於卯月、日主丙日生於午月、日主戊土生於午月、日主庚生於酉月、日主壬水生於子月，這些月建都是劫財，因為沒有取劫財為格局之名的，只有取『月刃格』或稱『陽刃格』了。

陰干無刃，因陰干以帝旺為極至，進一位為衰位，退一位為臨官，不旺不衰，因此陰干無刃。因此在下面的有陰干的日主，便要找別的格局名稱為格局了。

例如：

乙日寅月，可取寅中丙火為『傷官格』，或者是取寅中戊土為『偏財格』。

丁日巳月，可取巳中庚金為『正財格』，或者是取巳中戊土為『傷官格』。

己日巳月，可取巳中丙火為『正印格』，或者是取巳中庚金為『傷官格』。

辛日申月，可取申中戊土為『正印格』，或者是取申中壬水為『傷官格』。

癸日亥月，可取亥中甲木為『傷官格』。

月刃格（陽刃格）用神的要點：

①若命局四柱中，財星多，最好以『官殺』為用神。
②若命局四柱中，官殺多，最好以『財星』為用神。
③若命局四柱中，食傷多，最好以『財星』為用神。
④若命局四柱中，比劫多，最好以『官殺』為用神。
⑤若命局四柱中，印多，最好以『財星』為用神。
⑥若命局四柱中全是財星、官殺、食傷，則最好用『印』為用神。

第三節　其他的外格

外格的種類非常多，前一節所述的是已被命理界公認的必用外格，而這一節我將敘述一些常用、常見到的外格，供讀者參考應用，因為在中冊、下冊、命理舉例、選用神方面會看到。

《兩神成象格》

『兩神成象格』是在八字裡四柱天干和地支，像雙胞胎複製一般，兩兩相對相照，故又稱『照像』，例如說：在命局中年干支和日干支的兩個字一樣，月干支和時干支的兩個字一樣。

『兩神成象格』中又分出十種格局，同屬外格。

如何選取喜用神

『兩神成象格』的種類：

1.《水木清奇格》：

此亦為《水木相生格》。即是在八字命局中水和木各佔四柱中的兩干兩支所形成的。

2.《木火交輝格》：

此亦稱為《青赤父子格》或稱《木火相生格》。即是在八字命局中，木與火各占四柱中的兩干兩支所形成的。

3.《火土夾雜格》：

此亦稱《火土相生格》。即是在八字命局中，火與土各佔八字四柱中的兩干兩支所形成的。

4.《土金相生格》：

即是在八字命局中，土與金各佔四柱中的兩干兩支所形成的。

5.《**金白水清格**》：

亦稱《金水相生格》，在八字命局中，金與水各佔四柱中的兩干兩支所形成的。

6.《**土木相成格**》：

即是在八字命局中，木與土各佔四柱中的兩干兩支。

7.《**土局潤下格**》：

又稱《土水相成格》。即是在八字命局中，土與水各占四柱中的兩干兩支所形成的。

8.《**既濟未濟格**》：

又稱《水火相成格》。即是在八字命局中，水與火各佔四柱中的兩干兩支所形成的。

9.《**火金鑄印格**》：

又稱《火金相成格》。即是在八字命局中，火與金各佔四柱中的兩干兩支所形成的。

10.《金木相成格》：

即是在八字命局中，金與木各佔四柱中的兩干兩支所形成的。

舉例說明：

例(一)

甲午
丁卯
日主　甲午
丁卯

日主甲木生於卯月，木火各半，而氣成象，為《木火交輝格》，又稱《青赤父子格》。因木綠火紅，而甲為丁母，甲可生丁，故稱。此命格四柱全無金水，極為純粹，專取『丁火』傷官為秀氣，為『用神』。

例(二)

戊戌
癸亥
日主　戊戌
癸亥

日主戊土生於亥月，四柱中水土各半，兩氣成象，為《土局潤下格》。此命局中戊土通根戌宮，癸水通根亥宮，財命有氣，但土生亥月，氣勢較寒，幸亥宮有甲木暗生，因此行丙運時，寒土逢陽而發。用神取戌宮『丁火』為用神。

例(三)

戊戌
辛酉
日主 戊戌
辛酉

日主戊戌生於酉月，四柱中土金各半，兩氣成象，為《土金相生格》。此格中須選日主所生的為用神，或是用食傷為用神。稱之『英華秀發』，有大富貴。倘若行運破局，無秀可取，也無富貴。此命格中專取『辛金』為用神。行北方水運大富貴。

例(四)

丙午
庚寅
日主 丙午
庚寅

日主丙火生於寅月。此命格只能算做兩干不雜，而不能算為『火金鑄印格』因寅中有甲丙戊，午中有丁己，並不是火金各半，其中亦有相雜。此格局只能算『炎上格』而失時。支上寅午會火局，有丙火比肩出干，不能用財，庚金也無根，只能取甲木印綬為用神。因此以寅中『甲木』為用神。運行東南。

11.《聯珠夾貴格》

在八字命局四柱中，支上有申戌，而夾酉，或亥、丑夾子為聯珠夾貴。

例如：

	庚戌
	癸未
日主	乙亥
	丁丑

日主乙亥生於未月，日支、時支丑亥夾子貴，為聯珠夾貴。此命局支上亥未成木局，暗扶卯祿，乙祿在卯。有癸庚並透干，為富貴壽考之命格。用神為『丁火』。

12《棄命從財格》

『棄命從財格』是指若木為日主，四柱無水（印綬），又無比劫（甲乙木）出干之命局。或是日主為火，四柱有庚金財多，不見比劫（丙丁火）及印綬（甲乙木）出干的命局，稱之為『棄命從財』。若土、金、水之命局亦然。

例如：

	丙寅
	辛丑
日主	甲寅
	己巳

日主甲木生於丑月，四柱無水，也無比劫出干，稱之『棄命從財格』，以『己土』為用神。

13.《六甲趨乾格》

『六甲趨乾格』即是因亥宮為乾宮。六甲之日所生之人又生於亥月、亥時，即稱『六甲趨乾格』。例如：

	戊辰
	癸亥
日主	甲子
	乙亥

日主甲子生於亥月、亥時，為『六甲趨乾格』。在此命格中，有癸水出干，支上子辰會水局，又有二亥，故水多。用干上戊土制住水流，此乃用財損印之法。用神為『戊土』。

14.《六乙鼠貴格》

『六乙鼠貴格』即指日主乙木之人，生於子月、子時者，子宮有官貴。故稱『六乙鼠貴格』。例如：

	甲寅
	戊辰
日主	乙亥
	丙子

日主乙木生於辰月、子時。支上子辰會水局，有丙火出干高透，戊土可制水，年上之甲木會破戊土，得力於時支子水，正是『六乙鼠貴格』。此命局丙照癸滋，主大貴。用神為『丙火』。

15.《燈花拂劍格》

『燈花拂劍格』即指甲木生於冬天亥月、子月，申、酉時，稱之『燈花拂劍格』。

例如：

乙巳
戊子
日主　甲辰
癸酉

日主甲木生於子月，因在冬季、酉時，算做夜生。申酉為金為劍，故稱為『燈花拂劍格』。此命局支上子辰會水局。癸水出干，水泛木浮，戊土出干解水勢汪洋。專取巳宮丙戌解凍制水。以巳宮『丙火』為用神。

16.《藤蘿繫甲格》

『藤蘿繫甲格』即指日主乙木生於冬月，在命局柱中天干上有甲，或地支中有寅，稱為『藤蘿繫甲格』。即把乙當做甲木看，有如蔦蘿倚附松柏之木，有堅木可恃，乙木氣隨之生旺，也變其性。

例如：

甲寅
甲戌
日主　乙酉
丙子

日主乙木生於戌月，年干支為甲寅，此為『藤蘿繫甲格』。支上有寅戌會火局。干上有雙甲一丙出干，乙木生旺。專用子中癸水得祿為用神。

17.《夾邱格》

『夾邱格』即指在命局四柱中支上有『酉亥夾戌』，稱之為『夾邱格』。

例如：

日主
乙亥
乙酉
乙亥
乙酉

日主乙木生於酉月，有四乙出干，支上酉亥夾『戌』，戌為乾土，比喻為山邱。為『夾邱格』。此命格地支兩清，天干一氣，四柱無癸，暫且用亥中之『壬水』為用神。

18.《地支連茹格》

『地支連茹格』是指在命局四柱地支上四個字相連，如辰巳午未，或寅卯辰巳，或是辰巳午未，或是申酉戌亥等等之類，稱之《地支連茹格》。

例如：

丁巳
癸卯
丙辰 日主
癸巳

日主丙火生於卯月，支上卯辰巳為『地支連茹格』。用『癸水』做用神。癸水滋乙助丙。

19.《天關地軸格》

例如：

戊辰
甲子
甲戌 日主
甲子

日主甲木生於子月為冬木，四柱比肩多。冬木必須火金並用，應用庚丁，用丁制庚，用庚劈甲，故稱『天關地軸格』。以調節氣候，富中取貴。戌中有戊辛丁，可使甲木吐秀。支上子辰會水局。子戌夾亥，亥中有甲木長生、壬祿。比肩與印綬都多，因此用財為用神。用『戊土』做用神。運行東南之地。

20.《化合假格》

『化合假格』是指在命局中，天干上本有應化合之二天干，但合而不化，故稱『化合假格』。例如：

甲戌
乙亥
乙亥（日主）
庚辰

日主乙木生於亥月。天干之上乙庚本應相合化金，但庚金為用神，故不能化。此命局中得胎元丙寅（丙火）之助，木有生機，丙火為子，能助父，故為福壽康寧三多之命。

21.《假炎上格》

『假炎上格』是指命理格局類似『炎上格』。而多半方局不全，或日主不旺，或者在干或支上有一些瑕疵的格局，稱之『假炎上格』。

例如：

甲午
丁卯
丁卯（日主）
丁未

日主丁火生於二月，干上雖有三丁，且丁祿在午，但是二月生之丁火本來就不旺，支上卯未成木局。午未缺巳無法成方局。因此不能助火。仍然以『丁火』為用神。運行東南木火之地主貴。特忌金水西北運程。

22.《通關》

『通關』即指在命理格局中，有一字可引通整個命理格局活絡起來，既能生助日主，又能制化財官印的關鍵，稱之為『通關』，打開通路的意思。

例如：

	己卯
	甲戌
日主	乙亥
	己卯

日主乙木生於戌月，支上有亥卯會木局，並有甲木出干，又有雙己出干，身財兩旺。四柱無火，必須藉食傷通關，用戌中丁火洩木生財，丁火即為通關要素。至午運主貴。『丁火』為用神。

23.《照象》

例如：

	丁卯
	甲辰
日主	丙子
	丙申

日主丙火生於辰月，支上申子辰會水局。干上有雙丙一丁出干。火居干上，水居支下，如日麗中天，水底有光，稱之為『照象』。有甲木出干最得力，可以引通水火之情，主大貴。用神為『甲木』。

24.《財滋七煞格》

『財滋七煞格』是指在命局中以財星生官煞（偏官亦稱七煞）為用神的格局。

例如：

	乙未
	甲申
日主	丙申
	庚寅

日主丙火生於申月，支上雖有兩申冲寅。而干上有甲乙透出，有印相生，日主生旺。故以財星生煞為用。以庚金生申中壬水（七煞），以『壬水』為用神。

25.《己土混壬格》

例如：

	丙戌
	己亥
日主	丙子
	壬辰

日主丙火生於亥月，支上子辰會水局，又有壬水出干，亥宮有甲木長生與壬祿，月令得祿，故不以煞論。用甲木洩煞之氣。煞印相生。用己土混壬，培木生木助丙。以亥宮甲木為用神。

26.《火土傷官傷盡》

例如：

丙子
戊戌
丁巳（日主）
丙午

日主丁火生於戌月，支上午戌會火局。干上有雙丙出干，日主身旺。又有戊土傷官出干。戌宮所藏有戊辛丁，火土傷官生財，屬於體用同宮。干上無壬甲來雜亂，故稱為『火土傷官傷盡』。為特殊格局。主大富貴。用神為『戊土』。

27.《土金傷官佩印格》

例如：

庚辰
丙戌
戊戌（日主）
辛酉

日主戊土生於戌月，日元秉令而旺，四柱土多金旺，為土金傷官，必須佩印，以火生土制傷，此格主貴。用神為『丙火』。忌金運。

28.《專食合祿格》

『專食合祿格』是指在命局中有戊土日主，生於庚申時者，稱之『專食合祿格』。庚申時逢到戊日，稱為食神干旺的方位，在年柱、月柱上有甲、丙、卯、寅等字，稱遇而不遇，因食神可制官煞、印綬。

例如：

壬申
辛亥
戊寅 日主
庚申

日主戊土，生於庚申時，為『專食合祿格』。因支上寅申亥夾巳。以巳為虛神。申合巳為戊之祿，寅又刑巳，亥與巳冲，故全命局之精神集中在虛神巳祿之上。日主戊土不旺，以食神洩秀氣為用神。以巳中丙火為用神。運行南方火地而發。

29.《枯草引燈格》

『枯草引燈格』，是指日主丁火生於冬季，必須四柱有甲、有庚，用庚劈甲引丁為有用，但四柱若無甲，用丙火曬乙來用亦可，此格局稱為『枯草引燈格』。用神為『乙木』。

例如：

日主

壬辰
癸丑
丁巳
乙巳

日主丁火生於丑月，寒冬丁火本衰，四柱又無甲木出干，為『枯草引燈格』，因冬天乙木為枯草，必須用丙火來曬，巳宮有丙祿，故以『乙木』為用神。

30.《陽刃駕煞格》

『陽刃駕煞格』即是指在命局中，陽刃與七煞皆為命局中主要的關鍵。但都是以『丙火』為用神。

例如：

日主

癸卯
癸亥
戊辰
戊午

日主戊土生於亥月，戊刃在午，午是陽刃，支上卯亥會木局。甲木藏於亥中。十月戊土，專以甲丙為用神。但四柱無甲，而時逢午刃。干上有兩戊兩癸暗合化火。此為『陽刃駕煞格』。以午刃中『丁火』為用神。

31.《日祿歸時格》

『日祿歸時格』即是指日主之祿位，恰在時支上，故稱『日祿歸時格』。

例如：

癸酉
癸亥
日主 戊子
丁巳

日主戊土生於亥月，時支上巳宮有日主戊土之祿。巳宮並有丙祿。亥中有甲木為年支酉金剋去。癸祿在子，丙火不透干，故富而不貴。以巳宮丙火為用神。運行南方比劫之地，走火土運，大吉。

32.《雜氣財官格》

『雜氣財官格』即指日主為土，四柱無印綬，以財旺生煞而用的命局。

例如：

壬子
甲辰
日主 己卯
壬申

日主己土生於三月，支上申子辰會水局，干上有雙壬出干，水多財旺。四柱無丙火印綬，己土濕寒，以財生煞為用神。以『甲木』為用神。因己土濕寒，故只為清貴。

33.《勾陳得位》

『勾陳得位』是指在命局中，日主是土，時支又是土，可助旺日主的命格，稱之。

例如：

	丁亥
	丁未
日主	己卯
	戊辰

日主己土生於未月，支上亥卯未會木局，時上見戊辰，身強煞旺。六月未月為土燥木枯之時，喜用壬癸水財星生煞為用。以辰中『癸水』為用神。此命格即是『勾陳得位』辰在時上。

34.《火長夏天金疊疊格》

『火長夏天金疊疊格』是指命局中日主為火，生於夏月，命局中全是火金，不見水，稱之。為富格。專以財星為用神。

	辛酉
	癸巳
日主	丁巳
	乙巳

日主丁火生於巳月，此乃『火長夏天金疊疊格』。支上有三巳，丙火得祿，才可用財官，此命格有癸水傷官洩財之氣，故有富貴。專以財星『辛金』為用神。

35.《井欄叉格》

八字命局四柱中，支成水局，不見丙丁在干上，天干上有三庚並透，稱之為『井欄叉格』。

庚子
庚辰
日主 庚申
壬午

日主庚金生於辰月，支上有申子辰會水局。干上有三庚出干，此為『井欄叉格』。以午中『丁火』為用神。但行運忌壬癸、巳午之運程，必須行西方運或東方運。此命格以行西方運較好。

36.《飛天祿馬格》

『飛天祿馬格』是水木傷官之變格，專取『甲木』為用神。運行東方有富貴。是獨象喜行化地之故。

壬子
壬子
日主 壬子
甲辰

日主壬水生於子月，干上有三壬，支上有三子水，並且子辰會水局，一片汪洋。此為『飛天祿馬格』。以『甲木』為用神。運行東方主貴。

37.《六陰朝陽格》

『六陰朝陽格』為在命理格局中，日主為辛金，生於戊子時，運喜西方運，陰若朝陽。戊土為陽土，稱之『六陰朝陽格』。此格忌丙丁火。若有干上為庚辛，支上為巳酉丑成局的人，位高權重。

例如：

	戊申
	乙卯
日主	辛亥
	戊子

日主辛金生於卯月，年、時干上有戊土出干，其餘六字俱屬陰。為『六陰朝陽格』。用申宮庚金洩戊土之氣，生助日主，日主身旺後可任財。此命格富中取貴。用神為『庚金』。行金水運。

38.《六辛朝陽格》

此格與前格相同，是專指屬於日主辛金的格局，故稱『六辛朝陽格』。例如：

	癸巳
	辛酉
日主	辛酉
	戊子

日主辛金生於酉月，巳宮有丙戊得祿，支上巳酉會金局。戊土太重，癸水出干被傷。四柱全無木來疏土。為孤貧之命格。以胎元己亥，亥中之甲木為用神，行木運較吉。

39.《白虎格》

此格亦是六辛格局中的一種。日主為辛金，支上有巳酉丑成金局，又有戊己透干，並有壬透，而四柱無火的命格，稱為『白虎格』。行運西北，富貴非常。但行運東南主大凶。有火為破格。遇火運亦孤貧。

例如：

己丑
癸酉
日主 辛酉
壬辰

日主辛金，生於酉月，支上丑酉會金局，干上有己壬透干，四柱無火，為『白虎格』。用『壬水』為用神，運行西北大富貴，運行火地主貧。

40.《去濁留清格》

在命局中，日主身旺，印多，用財星破印綬護食傷的格局，稱為『去濁留清』格。

例如：

戊戌
壬戌
辛酉（日主）
甲午

日主辛金生於戌月，日主辛金坐於酉祿之上，又生於金旺之時。戌宮為火土，又有戊土出干，午中有己土之祿，戊己土印旺。幸而有甲木出干破戊護壬，此為『去濁留清格』。此命局中可惜支上午破酉，辛祿被傷，更因命行午運，大富貴後貧死。用神為壬水。

41.《壬騎龍背格》

在命局中，日主為壬水，坐於辰上，也就是壬辰日生日，通根身庫，專用寅宮丙火財星為用神的命格，稱為『壬騎龍背格』。為壬水坐於辰上之意。例如：

壬寅
壬寅
壬辰（日主）
壬寅

日主壬水生於寅月，壬水臨辰，通根身庫（辰為水之墓庫）。四干皆壬，專以寅中『丙火』財星為用神。春水失令，必須用丙火除寒氣。此為『壬騎龍背格』。

42.《六壬趨艮格》

例如：

壬寅
壬寅
日主 壬寅
壬寅

日主壬水生於寅月，此為『六壬趨艮格』。以支上寅暗合亥，而讓壬水得祿，此是以虛神祿神為用神的意思。寅為艮位，故稱之。用神為『壬水』。吉方：北方。有大富貴。

43.《鳳凰拱貴格》

『鳳凰拱貴格』即是指在命局中支上有寅卯辰支類東方，屬木，而又有『午』字，有辰午夾『巳』貴，稱之『鳳凰拱貴格』。

例如：

壬午
壬寅
日主 壬辰
癸卯

日主壬水生於寅月，支上寅卯辰支類東方。又有辰午夾『巳』貴。此為『鳳凰拱貴格』。此命局水木清華，可惜春月木盛秉令，會洩壬水之氣，故貴而夭壽。此為民國初年小鳳仙故事中的蔡鍔將軍命格。

44.《劫印化晉格》

在命局中，日主癸水生於夏月，極弱。若在四柱中有庚壬兩透干，來制火潤土，並且使癸水有根源的命格，稱為『劫印化晉格』。有大富貴。但不可有丁來剋，或有乙庚相合的情況，會成廢人無用。

例如：

日主

庚子
辛巳
癸酉
辛酉

日主癸水生於四月，有庚辛並透，支上巳酉會金局，癸水轉弱為強。此為『劫印化晉格』。用巳宮戊土為用神。走火土運大吉。此為明成祖永樂皇帝命。

45.《龍虎拱天門格》

辰為龍，寅為虎。在命局中四柱支上有辰寅拱卯，卯為日月出入之門，故稱『天門』。故命局中有辰寅拱卯者，稱之『龍虎拱天門格』。另外亦有日主酉日對冲卯，四柱不見卯，而見寅辰二字的，也稱『龍虎拱天門格』。

例如：

辛酉
丁酉
日主　壬辰
壬寅

日主壬水生於酉月，支上有寅辰暗拱卯，又有酉暗冲卯，此為『龍虎拱天門格』。此命局干上丁壬化木，寅中甲木不會被壬水所傷，辛酉相隔，亦不會傷甲，專以甲木為用神。運行木火之地，主富貴。

46.《體全之象》

在命局中，日主為水，而四柱水淺金多，稱為『體全之象』，是一種破格。以全命局來講，金多為母，水少為子，母旺子孤，當助其子，因此以全局為主，當以日元為用神。也有用戊土為救病的藥。

例如：

庚辰
乙酉
日主　癸卯
庚申

日主癸水生於酉月，支上申辰會水局，有庚金出干，此為『體全之象』。以癸水為用神。此為孔祥熙先生之命格。

47.《金白水清格》

命格為壬水，生於七、八月，月令庚辛金秉令，金水相生，稱之為『金白水清格』。此格局忌戊土阻塞、己土混壬，故以有甲木出干疏土主貴。有多個甲木透干，去濁留清，金白而水自清，主大富貴。若時干上透甲為『文星』，以文名而主貴。

例如：

	甲午
	癸酉
日主	壬戌
	壬寅

日主壬水生於酉月，月令酉金可生水，日主身旺，支上有寅午戌會火局，又有甲木出干，專用比劫，以『壬水』為用神。此為『金白水清格』，又有文星，主文貴。

48.《旺盛無依格》

『旺盛無依格』為潤下格之破格。潤下格須日主為壬癸水，支成水局，四柱不見戊土出干稱之。並且要運行西北主大富貴。而『旺盛無依格』則需土來制水，且有行運相背的狀況，故稱之。

例如：

壬申
辛亥
日主 壬子
辛亥

日主壬水生於亥月，此為潤下格。但胎元為壬寅，格局不純，又行東南火運，逆水性，為破格。支見亥子，四柱需土制而無土，稱之為『旺盛無依格』。為僧道之命。用神為『壬水』。

49.《雪夜燈光格》

在命局中，日主為水，又生於冬月夜間出生的人，月干上見了火，為『雪夜燈光格』。

例如：

己卯
丁丑
日主 癸丑
乙卯

日主癸水生於十二月，有丁火出干，丑宮支用己癸同透干。在冬月大寒時節，生於卯時，天尚未亮，作夜生論，稱此為『雪夜燈光格』。此命局年柱己卯與月柱丁丑相夾戊寅。而日主癸丑與時柱乙卯相夾甲寅。至申運暗沖寅、丙，主大貴。此為民國早期的行政院長譚延闓之命格。

第八章

如何推算行運方式

人一生的富貴、成功不但取決於命局的完美，也取決於大運的順逆排列行進的方式。在中年以前可以行到合於用神的好運的人，都是有出息、有成就、有富貴的人。

紫微命格論健康

法雲居士⊙著

在中國醫藥史上，以五行『金、木、水、火、土』便能辨人病症，
在紫微斗數中更有疾厄宮是顯示人類健康問題的主要窗口，
健康在每個人的人生中是主導奮發力量和生命的資源，
每一種命格都有專屬於自己的生命資源，
所以要看人的健康就不是單單以疾厄宮的內容為憑據了，
而是以整個命格的生命跡象、運程跡象為導向，來做為一個整體的生命資源的架構。
沒生病並不代表身體真正的健康強壯、生命資源豐富。
身體有隱性病灶、殘缺的，在命格中一定有跡象顯現，

健康關係著人生命的氣數和運程的旺弱氣數，
如何調養自身的健康，不但關係著壽命的長短，也關係著運氣的好壞，
想賺錢致富的人，想奮發成功的人，必須先鞏固好自己的優勢、資源，
『紫微命格論健康』就是一本最能幫助你檢驗出健康數據的書。

第八章　如何推算行運方式

第一節　大運順排、逆排的方法

通常我們在排完自己的八字，找出命格從屬與用神喜忌之後，當然最想知道自己的運氣好不好？好運又會出現在什麼時候？這個時間上的問題，便要從自己命格中的『大運』著手才行。並且也要弄清楚一生行運的方式是逆行還是順行。一生的吉凶則自然呈現出來。

『大運』就是人一生所經歷之運程和前途。在植物中，有些植物是春夏生長，而秋冬結果實而行收穫的。例如稻米。某些植物例如小麥，則是於冬季種植而近夏季來收割的。這兩種植物會因季節的適合和不適合而產生生長順利或存活的問題。人也是一樣！倘若人一生所經歷的運程是適合自己的生活環境，四周都是幫助自己生長茁壯的力量，自然自

如何選取喜用神

己的成就會較大，所得到的富貴較多。相反的，人所生長的環境和周遭的人、事、物都是剋害自己，阻撓自己運程的因素，自然人一生的運氣會不好，甚至會有夭亡損折的情況發生。因此大運的看法是極其重要的。

另外，大運也可以幫助我們找用神，這是一種逆向找法。有的人命格中五行雜亂，金木水火土都有，既不成格局，剋害又多，有時一時看不出可選何者為用神。但是在排出大運形式以後，用神自然明朗化了。因此大運有時也可輔佐你找『用神』。

排大運的方式

『大運』即是未來之氣。也是未來之運氣。人的『運』從『氣』出，故稱『運氣』。月就是月令，是當生之氣。因此『大運』從『月令』出。

男命生於甲、丙、戊、庚、壬年稱為陽男。生於乙、丁、己、辛、癸年稱做陰男。

女命生於甲、丙、戊、庚、壬年稱做陽女。生於乙、丁、己、辛、癸年稱做陰女。

如何選取喜用神

排大運，必須以**陽男**、**陰女月令順排**、**順推**。

以**陰男**、**陽女月令逆排**、**逆推**。

而這個順推與逆推的原則，完全以年干的陰陽為一個標準。

舉例說明：

例如西元一九七八年八月十三日午時生，農曆為戊午年七月初十日午時生的人，年干戊為陽干。

男命為

	戊午
	庚申
日主	丁未
	丙午

順推大運之方法爲：

順推大運之法就是從月柱起，首先從月干天干『庚』往下屬六位。如：辛、壬、癸、甲、乙、丙。再從月令地支上的『申』往下屬六位。如下：酉、戌、亥、子、丑、寅。於是干支都有了，那就是辛酉、壬戌、癸亥、甲子、乙丑、丙寅。依次由右而左，將這些干支寫在八字四柱的下方，如後例。這六個干支就是這個男命一生的行運運程的方式。

每一個干支代表十年。譬如說，這個男命在開始行運以後第一個十年走的是辛酉的運程。第二個十年走的是壬戌的運程。第三個十年走的是癸亥的運程等……一直到六個運程走的是丙寅的運程。這樣就一直可以看到此人到六、七十歲的運程了。也就是說，在人一生中，青年、壯年、中年可打拚的年代、運程都已顯示出來。倘若在人一生中的青年、中年可打拚的運程是與自己的用神有相合、相生的狀況，則此人一生是順利，也可享用富貴的。倘若行運的運程與自己的用神相背、相剋，則有貧困潦倒、不順或夭亡的情況發生。

(順排)

		日主	
戊午	庚申	丁未	丙午

辛酉	壬戌	癸亥	甲子	乙丑	丙寅

逆推大運的方法

以前例八字生辰為女命時，則要從月令逆推，其行運的干支就變為己未、戊午、丁巳、丙辰、乙卯、甲寅。若是陰年生的男子其大運也是逆推。

	八字	(逆排)
	戊午	己未
	庚申	戊午
日主	丁未	丁巳
	丙午	丙辰
		乙卯
		甲寅

這個範例八字，戊午、庚申、丁未、丙午，屬於『枯草引燈格』。專以未中乙木為枯草引丁，為用神。因此是用乙木為用神。我們可以在男命與女命兩個命格行運方式中發現，女命在第二個運程，戊午的運程，走午運時便會漸漸升旺，走丁巳運時則大吉。也就是說接近三十歲的時候便會是好運大發。而男命則一生不順，要到老年才好一點。因此女命比男命吉。

再舉一陰年之例

例如為丁酉年、壬子月、甲申日、丙子時所生的人。年干丁為陰干。（因為十一時所生，故時干要取次日的日天干和時支子時來推定。）

男命為：

	丁酉	
	壬子	
日主	甲申	
	丙子	

（逆排）

辛亥
庚戌
己酉
戊申
丁未
丙午

此男命為陰男，行運須逆排，行大運之運程為辛亥、庚戌、己酉、戊申、丁未、丙午。

因此命局為甲木生於子月為寒木。壬水出干，支上有申子會水局。幸有丙丁出干，寒木得以向陽，但是四柱水多，無戊土出干來制水，水泛木漂，因此專以申中所藏戊土為用神。必須行南方火運為吉。因此此命格的人幼年走金水運較困苦。中年戊己運時漸佳。最好的運程在丁未、丙午的大運裡。

女命為：

丁	壬	甲（日主）	丙
酉	子	申	子

（順排）

癸丑　甲寅　乙卯　丙辰　丁巳　戊午

此女命為陰女，排大運須順排，行大運之運程為癸丑、甲寅、乙卯、丙辰、丁巳、戊午。

這個命局依然是以戊土為用神。以南方火運為主，水運凶。

在這個女命命局中，也是要等到丙辰運，三十六歲以後才會逢到好運。

第二節　如何推算大運起始的年歲

算大運開始的年紀，也就是尋找大運的起點。因此也可以找出運程交脫的時間。

首先要從誕生的時候算起。陽男、陰女就從生日的日子起，順著推算到下一個『節』，再以三日為一年，一小時為十日來扣算。

例如前面第一例之陽男為戊午年七月初十日午時（十一時）所生之人。則一下個節是白露節在八月初七巳時（早上九點）（查萬年曆得知），因此用八月初七日九時減去七月初十日十一時為二十六日又十一個時辰（差兩小時，差一個時辰，即為二十七日）即算二十七日。即以三日為一年，三除二十七得九，則大運交脫時期為九歲。因此在第一個行運干支辛酉上面寫9，代表九歲起運。每個大運管十年，因此在第二個大運之期在19歲，第三個大運交脫之期在29歲以此類推。全寫在運程干支上面。

例如：**順推行大運年歲交脫之期**

丙午	丁未（日主）	庚申	戊午

59	49	39	29	19	9
丙寅	乙丑	甲子	癸亥	壬戌	辛酉

因此我們便知道此人在九歲開始起運，在九歲至十九歲時走的是辛酉運。在十九歲為運氣交脫之時。而十九歲至二十九歲為壬戌運。二十九歲便結束前面的運程開始行癸亥的運程了。以此類推……。

逆推大運起始年歲的方法

陽女為逆推行大運及年歲交脫之期。首先要從誕生的時間倒轉往前追溯最近的一個『節』。例如八字是戊午、庚申、丁未、丙午的這個命局，是生在七月初十午時，已在立秋之後，逆向追溯最近的一個節就是『

立秋』。立秋在農曆七月初五卯時（查萬年曆是在卯時六時六分）。因此用七月初十午時減去七月初五卯時，得五天又三個時辰。並以三日為一年，一時為十日的算法。把五除以三得一年又二天，二天又換成時辰（一天有十二個時辰）為二十四個時辰。二十四個時辰再加先前的三個時辰為二十七個時辰。二十七乘以十為二百七十日。可以說此女命在一歲又二百七十日時開始行運。

通常在算行運年歲時，用上述扣算法，會有多出來的天數和時數，有時亦會有欠的日和時，也就是以『三日為一年，一時為十日』，在天數相除時，有時會有餘數或有不足的。通常是以六個月一百八十天為一個標準。若多出一百八十天的，則不再算時數，直接多加一歲。例如前面所說行運年歲算出來為一歲又二百七十日起運，二百七十日已超過一百八十日了，故需算二歲開始行運了。

這位陽女的行運年歲便可直接標出來，如下：

大運行運方向順行、逆行的利弊

時	日主	月	年
丙	丁	庚	戊
午	未	申	午

52	42	32	22	12	2
甲	乙	丙	丁	戊	己
寅	卯	辰	巳	午	未

曾有一位友人告訴我，他在小學時，班上有一位女同學和他同年同月同日生。經過三十多年各奔西東，未再相見。有一天和友人相偕爬出，在山上一處飲食攤上，看見了這個曾是小學同學的同年同月同日生之人。當時這位小學女同學正蓬頭垢面的幫忙收拾桌上的碗盤殘羹。這位朋友一時間感慨萬千，大嘆造化弄人。

於是這位友人向我問起，為什麼小時候家境不錯的那個女同學，反而在四十歲的時候落得如此光景。而他小時的家境並不如她好，但自己現已事業有成，過著富裕的生活，這到底是什麼原因呢？

這就是大運運行方向的不同的原因。

大運有順行、逆行的兩個方式，男女也有不一樣。前面說過，陽男、陰女順向運行。陰男、陽女逆向運行。大運從月建出，運行方向因此而定出。

在人命理格局中，有的是順行行運較佳。有的是逆行行運較佳。有的命局也會是在行運時順行、逆行都差不多，最多只有十年上下的好壞差距。這也就是形成某些人在幼年時代生活順暢，而大未必佳。而某些人在幼年時代困苦而長大後有成就之故。因為人在奮鬥事業、多增富貴的年齡多在二十歲至四十歲之間，倘若二十歲至四十歲能行大運中的吉運，則努力有成果，成就會很大。倘若在這段青壯年時代所行之大運不佳，命局再好，也是只求溫飽，衣食無慮而已。因此大運的行運方式是影響人一生成就，富貴最重要的原因之一了。

第三節　大運方向及用神所代表的方位

在前面的書中，常有提及用神是什麼？所行之運為木火運，或金水運。這個木火運及金水運即是所稱的大運方向的方位。這在中冊及下冊中命局舉例裡，吉方、財方、忌方，即是以真正的用神以及大運方位所引申出來的方位。

譬如說：用神是丙火的人，大運行火運為吉，即是以南方為吉方，也以南方為財方。北方是忌方及金水運是忌運（不好的運程）。流年、大運逢木年、火年主吉利，逢水年、金年主凶。逢土年普通。

用神是庚金的人，大運行金水運為吉，即是以西方、北方、西北方為吉方，以東方、南方為忌方。財方以西方為主。木火運為忌運。流年或大運逢干支為金為水之年主吉利大發。流年或大運逢木年、火年主凶運。逢土運為普通。

用神及大運方位所顯示出的吉方、財方與忌方

甲木類

◎用神為甲木，行木運為吉者。其吉方是東方。財方也是東方。忌方（凶方）為西方。忌運為庚辛金運。西方運。

◎用神為甲木，行木火運為吉者，即是以行東南運為吉。其吉方為東方、東南方。財方是東南。忌方是西方。忌運是西北運程。

◎用神為甲木，行火運為吉者，即是大運和流年以行南方丙、丁運程為吉。吉方為南方。財方也是南方。忌方是北方。忌運是水運（年干壬癸的年運大運）。

◎用神為甲木，行水木運為吉者，即是大運和流年行亥運為吉，其吉方為東方、東北方。財方為東北方（癸向）。忌方為西方、西南方。忌運是火金運。

如何選取喜用神

乙木類

◎用神為乙木，行木運為吉者，即是行東方運為吉。其吉方為東方。財方亦為東方。忌方為西方。忌運為金運。

◎用神為乙木，行火運為吉者，即是行南方運為吉。其吉方為南方、東南方。財方為南方。忌方為北方。忌運為北方運、水運。

丙火類

◎用神為丙火，行火運為吉者，即是行南方運為吉。其吉方為南方。財方亦為南方。忌方為北方。忌運為壬癸水運。

◎用神為丙火，行東南木火運為吉者。其吉方為南方、東南方。財方為東南方。忌方為北方、西方、西北方。忌運為西方運、金水運。申、酉運。

丁火類

◎用神為丁火，行火運為吉者，即是以南方運為吉。其吉方為南方。財方亦為南方。忌方為北方。忌運為北方壬癸水運。

◎用神為丁火，行木火運為吉者。其吉方為南方、東南方。財方為東南方。忌方為西方、西北方、北方。忌運為西北金水運。

戊土類

◎用神為戊土，行火運為吉者，即是以南方運為吉。其吉方為南方。財方為南方。忌方為北方。忌運為北方水運。

◎用神為戊土，行土金運為吉者。其吉運為金水運。喜庚辛、壬癸年。其吉方為西方。財方為西方。忌方為東方。忌運為木運、火運。忌甲乙、丙丁年。

己土類

◎用神為己土，行木火運為吉者，以東南運為吉。其吉方為東南方、南方。財方為東南方。忌方為西北方。忌運為西北金水運，忌庚辛、壬癸年。

◎用神為己土，行金水運為吉者，以西北運為吉。其吉方為北方、西北方、西方。財方為西北方。忌方為南方、東南方、東方。忌運為木火運以甲乙、丙丁年為忌運。

庚金類

◎用神為庚金，行金運為吉者，即以西方運為吉。其吉方為西方。財方為西方。忌方為東方。忌運為甲、乙、丙、丁木火運。

◎用神為庚金，行水運為吉者，即以北方運為吉。其吉方為北方。財方為北方。

◎用神為庚金，行土金運為吉者。其吉方為西方。財方為西方。忌方為東方。忌運為木運（年干為甲、乙皆不吉）。

如何選取喜用神

辛金類

◎用神為辛金，行金運為吉者，即以行西方運為吉。其吉方為西方。其財方為西方。忌方為東方。忌運為年干甲、乙木運之年。

◎用神為辛金，行水運為吉者。其吉方為北方、西北方。財方為西北方。忌方為東方、東南方。忌運為丙、丁運、火運。

◎用神為辛金，行土金運為吉者。其吉方為西方。財方為西方。忌方為東方。忌運為丙丁、寅卯年。

壬水類

◎用神為壬水，行北方運為吉者，即為行水運為吉。其吉方為北方、西北方。其財方為北方。忌方為南方。忌運為年干丙、丁之火運年。火土運也不吉。

◎用神為壬水，行金水運為吉者。其吉方為西方、西北方、北方。其財方為西北方。其忌方為東南方、南方。忌運為木火運、火土運。

◎用神為壬水，行東北運（水木運）為吉者。其吉方為北方、東北方。其財方為東北方。忌方為西南方。忌運為土金運。

癸水類

◎用神為癸水，行北方運為吉者，即為行水運為吉。其吉方為北方。其財方也為北方。忌方為南方。忌運為火運。

◎用神為癸水，行東北運（水木運）為吉者。其吉方為北方、東北方。其財方為東北方。忌方為西南方。忌運為土金運。

◎用神為癸水，行金水運為吉者，即為行西北運為吉。其吉方為西方、西北方、北方。財方為西北方。忌方為東南方、東方。忌運為甲乙、丙丁年。

每一種用神所代表的吉利顏色

用神為甲木——綠色、深綠色。

如何選取喜用神

乙木——綠色、淺綠色、檸檬黃。
丙火——大紅色、橘紅色。
丁火——淺紅色、粉紅色。
戊土——土色、深咖啡色。
己土——米色、淺土色。
庚金——金色、銀色、重金屬色、白色。
辛金——淺金色、銀白色、象牙白色、水色。
壬水——水藍色、海洋色、海軍藍、黑色。
癸水——淺粉藍色、淺藍綠色、水色、透明色、灰黑色。

每一種用神所代表的吉祥形狀

用神為甲木——高直的矩形。
乙木——比前者略矮的高直矩形。
丙火——頂尖的三角形、錐形。

丁火——底較圓胖比前者略矮的三角形、底寬的錐形。
戊土——高大的梯形。
己土——比前者略矮的梯形。底寬的梯形。
庚金——外表亮麗，有反光或金屬的圓柱形。
辛金——外表較柔和，有反光或金屬的圓柱形，比前者略矮。
壬水——橫向的矩形或平平的向橫發展的形狀。或波浪形。
癸水——橫向的矩形，或平橫發展的形狀。或波浪形。

這種所談的『用神所代表的形狀』，主要是提供讀者，在選用物品與住宅時的建物形狀。例如用神為甲木、乙木的人，宜住瘦高型的大樓以及綠色的房子。用神為丙火及丁火宜住有特殊形狀的造型房屋，而且宜住紅色的、屋頂尖型的房屋。用神為庚金、辛金的人，宜住有玻璃帷幕的大樓，或有金屬牆的大樓以及白色的大樓、房子。用神為壬水、癸水的人，宜住平房，或房頂為波浪型的房屋，以及黑色的房屋。

第四節　如何算『胎元』

我們在利用八字四柱尋找『用神』時，常常會發覺此人最需要的『用神』卻不在四柱上的天干，和地支中的人之支用之中，這個『用神』常常藏於『胎元』之中。

『胎元』就是受胎之月的干支。這是人開始孕育生命的開始。當然也和人出生時的生辰八字有著極密切的關係。因此在尋找用神時，我們也時常以『胎元』做一個虛神來應用，利用胎元中的天干和地支人之支用來做用神。在以後中冊、下冊舉例說明中，這種例子會常常出現，因此不得不在此做說明。

爲何以受胎月爲胎元

因為用八字四柱來選取用神，皆是以『月』為主，月即是五行的氣候，春夏秋冬氣候之代名詞。『月』也是出生時的當旺之氣。故以『受月』為胎元。

如何推算胎元

胎元便是懷胎時的月份。普通人皆以十個月懷胎，足月出生。也有人是早產七個月或九個月出生的。倘若已知自己是早出生的，並確知自己的懷胎天數，即以其真正的懷胎月份干支做為胎元。倘若不知道自己是否是不是足月出生的人，一概以生月之前的十個月之月建做為胎元。

推算胎元的算法：

㈠以自己八字四柱中月柱的干支為主。逆數回去十個月，即是胎元月建。

㈡以八字四柱中月柱的干支為主。干向後移一位，支向後移三位即是胎元。

例如八字月柱為甲午，甲向後數一位即是乙，午向後數三位即是酉。乙酉便是胎元。

胎元只不過是在選用神時提供參考而已。例如八字四柱中缺水，命局中無一滴水，而得知胎元是前述乙酉的話，乙酉納音井泉水，亦是可用。此人仍可主富。有水來救之故。

第九章

納音法和神煞舉例

命理以天地間的陰陽五行為主，五行是金木水火土。五音也是五行，是故利用宮、商、角、徵、羽所演變出來的納音法，在古代命理學中也佔有極高的地位。

移民、投資方位學

這本『移民・投資方位學』是順應現代世界移民潮流而
精心研究所推出的一本書，
每個人都有自己專屬的生命磁場的方位，
才能生活、生存的愉快順利，也才會容易獲得財富。
搞不清自己生命磁場方位而誤入忌方的人，
甚至會遭受劫殺。至少也會賺不到錢而窮困。

法雲居士利用紫微命理的方式向你解釋
為什麼有些人會在移民或向外投資上發展成功，
為什麼某些人會失敗、困頓，
怎麼樣才能找對自己的正確方向，
使你在移民、對外投資上，才不會去走冤枉路、花冤枉錢。

第九章　納音法和神煞舉例

第一節　納音法

在尋找用神的時候，時常也會配合納音法來選取喜用神。在古法論命裡，所有生剋的變化，也是從納音而衍變出來的。納音，就是宮、商、角、徵、羽五個音。這五個音與五行中氣的相互感應而產生變化，因此形成吉凶。

一個音有十二個律，五音有六十個律。從金開始，傳下來是火，再傳木，再傳水，再傳土，因此就有了下列以納音為五行根據的年干支。例如說：一九九八年是戊寅年，一九九九年是己卯年，這兩個年份干支在納音法的干支中代表『城頭土』，也就是屬『土』的年份。而公元二千年是庚辰年，公元二〇〇一年是辛巳年，就是『白臘金』年，也就是屬『金』的年份了。公元二〇〇二年是壬午年，公元二〇〇三年是癸未年，就是『楊柳木』年，也就是屬『木』的年份了。

◎我們在中冊、下冊命格舉例中也有用到納音法選喜用神舉例的。

納音法顯示年干支表格

五行	干支	納音	干支	納音
金(商)	甲子 乙丑	海中金	庚戌 辛亥	釵釧金
	壬寅 癸卯	金箔金	壬申 癸酉	劍鋒金
	庚辰 辛巳	白臘金	甲午 乙未	砂中金
火(徵)	戊子 己丑	霹靂火	甲戌 乙亥	山頭火
	丙寅 丁卯	爐中火	丙申 丁酉	山下火
	甲辰 乙巳	覆燈火	戊午 己未	天上火
木(角)	壬子 癸丑	桑柘木	戊戌 己亥	平地木
	庚寅 辛卯	松柏木	庚申 辛酉	石榴木
	戊辰 己巳	大林木	壬午 癸未	楊柳木
水(羽)	丙子 丁丑	澗下水	壬戌 癸亥	大海水
	甲寅 乙卯	大溪水	甲申 乙酉	井泉水
	壬辰 癸巳	長流水	丙午 丁未	天河水
土(宮)	庚子 辛丑	壁上土	丙戌 丁亥	屋上土
	戊寅 己卯	城頭土	戊申 己酉	大驛土
	丙辰 丁巳	砂中土	庚午 辛未	路旁土

以生年納音來取的五行長生列表圖

生年納音	木年	火年	水土年	金年
生	亥	寅	申	巳
沐	子	卯	酉	午
冠	丑	辰	戌	未
官	寅	巳	亥	申
旺	卯	午	子	酉
衰	辰	未	丑	戌
病	巳	申	寅	亥
死	午	酉	卯	子
墓	未	戌	辰	丑
絕	申	亥	巳	寅
胎	酉	子	午	卯
養	戌	丑	未	辰

我們由前面納音法顯示干支的表格中查到自己的出生年的干支納音之後，例如是壬午年，納音即是楊柳木年，屬木年。其次再由五行長生列表圖中查木年在午為死位，即知，此人的生年並不旺，是休囚的狀況。

又例如生於丙子年，納音『澗下水』年，屬水年。查表，子在旺位，即知其出生年即屬旺氣之年。

在命理中，看人一生的吉凶善惡，皆是以八字四柱中的神煞為主，論其生、旺、死、衰。也就是以納音的生剋方式、戰鬥伏降為一個依據，當然四柱中，不論年柱、月柱、日柱、時柱，任何一柱的干支以吉旺為貴。再以四柱中每一柱相互關係的生剋來做一個討論，人一生的吉凶便盡在其中了。

第二節　神煞舉例

雖然在選用喜用神時，神煞並不重要，但為了朋友們在選取喜用神之後也想看看自己的命格高低與吉凶，便在此列出一些。神煞非常多，因此只列出一些常用、常見的神煞供大家參考。

在同一個命局（八字四柱）中，常會同時存在著很多個神煞，神煞有吉的、有凶的。倘若同一個命局中吉神多，則命局居吉。煞神多，則命局居凶，但是縱然凶煞之神雖多，只要有一個長生貴人，就可變凶為吉。或者是利用納音成為我剋（日主去剋煞），或者是煞來剋我（日主），而日主佔在強宮之位都是沒有害處而趨吉的。例如日主是壬申為劍鋒金，自己就坐在申宮祿地，四柱再有丙申（納音山下火），為死絕之火，是無法來剋壬申劍鋒金的。這就是日主坐強宮了。

在命局中神煞只可見一個。若命局中有劫煞，日主坐於支上自臨臨官、帝旺之位，則這個劫煞便可化煞為權，此人一定顯達。倘若在命局中有兩三個神煞，雖然會早發，但也會早亡。

天干神煞起例表（以年干橫看）

生年＼神煞	祿神	陽刃	天乙貴人	玉堂貴人	文昌	天貴
甲	丙 亥寅	卯	未	丑	巳	己
乙	庚 申巳	寅	申	子	午	庚
丙	壬	午	酉	亥	申	辛
丁	癸	巳	亥	酉	酉	壬
戊	戊 丑子	午	丑	未	申	癸
己	甲 戌卯	巳	子	申	酉	甲
庚	丁 酉辰	酉	丑	未	亥	乙
辛	辛	申	寅	午	子	丙
壬	午	子	卯	巳	寅	丁
癸	未己	亥	巳	卯	卯	戊

地支神煞起例表

神煞／生年	月德	天德	紅鸞	天喜	桃花	孤辰	寡宿	驛馬	華蓋	的殺	破碎	咸池	伏吟	劍鋒	白虎
子	巳	酉	卯	酉	酉	寅	戌	寅	辰	巳	巳	酉	子	子	申
丑	午	戌	寅	申	午	寅	戌	亥	丑	丑	丑	午	丑	丑	酉
寅	未	亥	丑	未	卯	巳	丑	申	戌	酉	酉	卯	寅	寅	戌
卯	申	子	子	午	子	巳	丑	巳	未	巳	巳	子	卯	卯	亥
辰	酉	丑	亥	巳	酉	巳	丑	寅	辰	丑	丑	酉	辰	辰	子
巳	戌	寅	戌	辰	午	申	辰	亥	丑	酉	酉	午	巳	巳	丑
午	亥	卯	酉	卯	卯	申	辰	申	戌	巳	巳	卯	午	午	寅
未	子	辰	申	寅	子	申	辰	巳	未	丑	丑	子	未	未	卯
申	丑	巳	未	丑	酉	亥	未	寅	辰	酉	酉	酉	申	申	辰
酉	寅	午	午	子	午	亥	未	亥	丑	巳	巳	午	酉	酉	巳
戌	卯	未	巳	亥	卯	亥	未	申	戌	丑	丑	卯	戌	戌	午
亥	辰	申	辰	戌	子	寅	戌	巳	未	西	酉	子	亥	亥	未

如何選取喜用神

以神煞論命的方式

古法論命裡，主要以神煞為主。命局中沒有神煞，就以納音的生剋，以及五行生剋交戰的狀況，來訂定命格是主貴的，還是主凶的。

以下的例子就是以神煞論命的例子。

1.《亡神聚貴》

例如：

乙巳
乙酉
日主 己未
壬申

巳年生的人，見申為孤辰，又為亡神。(可查前面神煞對照表)。幸而乙巳見申為天乙貴人，因此為亡神聚貴。時柱壬申為劍鋒金，壬祿在申，故自旺為權，此為大貴之命格。

2.《長生帶貴》

例如：

乙酉
乙酉
日主 乙酉
甲申

甲申、乙酉都納音為『井泉水』。四柱上有四干支的水長生於申。乙見申為貴人。三貴聚於申，自得長生。四柱又同在一旬之內。因此此命格為大貴命格。

※甲申水見己亥木，辛巳金見丙寅火，各自都得長生，是為真長生。甲己相合，丙辛相合，因此又是亡神、劫煞帶祿馬、貴人同在一命局中，此命格主揚威沙場、威振邊疆。

※神煞在同一柱中干支自得長生，而年命納音與神煞，一起得長生於日時上，稱為『生處逢生』。例如壬寅年見辛巳時，壬見巳為貴人，寅見巳為劫煞。壬寅與辛巳皆納音金，同得長生於巳。又如乙酉見甲申之類皆主大貴。

3.《亡劫帶貴》

例如：

辛丑	年柱上辛丑土見時柱戊寅土。丑見寅為劫煞。年命和神煞一同長生於寅。辛見寅為貴人。因此為劫煞帶貴。此命格會初犯訟獄而後大發主貴。
丁酉	
日主 乙未	
戊寅	

※凡是命格中要有權的人，命局中必帶煞。權星須用煞來相扶。神煞太重又不免刑剋，幼時孤苦。劫煞亡神，以亡神為重。倘若只有一個亡

神、劫煞帶貴，或是柱內自己生旺，則主發達、主貴。若有兩重亡神、劫煞，就主貧困命薄，並且有獄訟不吉。有三重亡神、劫煞，必是盜賊之徒，且有牢獄惡病，無善終。

※凡是人命中有亡神、劫煞的人，一定要日主能去剋煞，而不能煞星來剋日主。日主能剋制煞星，煞星被制服了，財也來了，稱為煞財。例如甲子金見己巳大林木，則有煞財為吉。甲子金見乙巳覆燈火，則不吉為禍。有煞財者，不必有貴人，本身就會化煞為權主貴了。但又以一重相見為吉。

4.《亡劫三重主凶》

己巳
壬申
日主 甲寅
壬申

巳年生的人，見支上有寅申為亡神、劫煞。巳年見申為吞啗煞。己年見申又為天乙貴人，雖然有天乙貴人，但是有三重亡劫。（月柱、日柱、時柱見之），三刑四冲，氣勢分散，無能為力。貧薄之命而已。

※凡日時上有亡神、劫煞的人，主酒色成疾。若有長生貴人，可化煞為權。不然，則為藝術、九流之人，主貧薄。倘若日柱、月柱有天德，

可逢凶化吉，有禍亦輕。若四柱支上寅、申、巳、亥四個字都有，而年柱上納音不得長生，一生也只是平凡無貴起之命的。

5.《**孤劫同辰**》

孤辰、劫煞兩位神煞，最怕同辰。例如說：丑年生的人，見四柱支上有『寅』字，為劫煞帶孤辰。辰年生的人，見四柱支上有『巳』字。戌年生的人見四柱支上有『亥』字。未年生的人見四柱支上有『申』字，都是『孤劫同辰』，更有『隔角煞』在其中。主其人幼年生於豪富之家，中年以後孤貧。或為僧道之人，或為他鄉流離之人。

例如：

癸未
庚申
日主 丙申
己亥

此命局中年柱癸未納音木，見己亥長生，未年生人見月支、日支申為『孤劫同辰』，又兼隔角煞。兩重見申，煞重身輕。中年退敗，晚年流離孤苦之命。

6.《破宅煞》

古法論命以年柱為命主，亦為命宅、祿宅。不可有亡神、劫煞同在。因此卯年生的人，四柱支上不能有『申』。酉年生的人，四柱支上不可有『寅』。卯見申、酉見寅者，稱之為『破宅煞』。子年、午年生的人，四柱支上有巳、亥也是『破宅煞』。主其人先富後貧，愛造房屋，中年以後耗財破產，被官司抄沒或燒毀。

例如：

乙酉
癸未
日主 庚寅
甲申

此為女命，年柱酉見日柱寅為破宅煞，遭火災、官訟、背井離鄉之命格。

7.《祿馬沖合》

凡命局中有祿馬、貴人等神煞的，須相合為吉，忌相沖為凶。而亡神、劫煞須相沖為吉，相合為凶。

例如：

甲子
乙亥
日主 己亥
己巳

在此命局中，日支亥與時支巳相見為劫煞、亡神。年干上甲與時干己相合，是為合煞。主其人被人殺害，死於非命。

8.《破碎煞》

在神煞之中，以『暗金的煞』為最凶。例如：寅、申、巳、亥年所生的人，見四柱支上有『酉』字。子、午、卯、酉年生的人，見四柱支上有『巳』字。辰、戌、丑、未年生的人，見四柱支上有『丑』字，都是『暗金的煞』。

另外，如酉年生的人，在日柱、時柱上有『寅』、『申』、『巳』、『亥』等字，和丑年生的人，在日柱、時柱上有『辰』、『戌』、『丑』、『未』等字的人，稱做『回頭破碎』。主其人狡猾命夭。若此破碎煞其納音剋年柱的納音，年歲活不過三十歲。若能逢吉神化煞，則可化煞為權，主貴。又如子、午、卯、酉年生的人，見四柱支上有『巳』字為破碎煞，倘若此柱有長生之氣，必主貴，若逢煞多、死絕之氣，為屠宰業。

例如：

乙卯
己卯
日主　乙卯
辛巳

此命局為卯年生之人，見時支巳為劫煞、孤寡、破碎同辰，凶煞攢聚為一屠戶之命格。

9.《雙辰煞》

在命局四柱中，有兩干、兩支相同的，稱為『雙辰煞』。若命局中再有六害、亡神、劫煞，則男孤女寡。

若命局中支上有寅、卯、辰，見『午』字。或是巳、午、未見『酉』字。或是申、酉、戌逢『子』字。或是亥、子、丑逢『卯』字，稱為『孤辰隔角』。以寅、申、巳、亥為孤。辰、戌、丑、未為角。因相隔此四位，故稱『孤辰隔角』。

例如：

己亥 此為平頭雙辰煞。亥、子、丑年生的人，見戌為寡宿。亥酉
乙亥 隔戌，故稱其為寡宿隔角。
日主 丁酉
己酉

※寡宿、孤辰，刑傷最重。命局中有此命格者，全無子，亦可能為僧道，不婚之人。

10.《天乙貴人》

天乙貴人，為文星。若年柱、時柱相互交換之，稱為『羅紋貴人』。必須生旺有氣，最有福力。在命格中，第一等貴格的人，為互換貴人，可做大官。第二等貴命之人，為用權煞以得官，為中等的官階。第三等貴命之人，為秀氣之人。

天乙貴人為神煞中最吉的吉神。年柱、時柱互換有氣，為『羅紋貴人』者，再有六合，主少年即可顯達主貴。

例如：

甲寅
辛未
癸未（日主）
戊午

在此命局中，年干甲見丑為陽貴。甲見未為陰貴。日柱癸未和時柱戊午，干支雙合。再合起陰貴，貴在日支（妻柱），為得女子財力之助而主貴。

例如：

丙申
己亥
辛未（日主）
己亥

在此命局中，年干丙見時支亥為貴人。時干己見年支申為貴人，年時互換得貴。又丙申納音為山下火。己亥納音為木，以時生年（木生火）火為有氣，故大貴之命。

11.《陰錯陽差煞》

陰錯陽差煞，主喪中娶妻，或入贅、剋妻。女命為續絃，身有刑剋。此煞最凶，不論日、時、年、月皆不吉。例如丁未、壬戌相逢。丙子、丁丑、丙午相逢，辛酉、壬辰相逢皆為『陰錯陽差煞』。

『陰錯陽差煞』，如果和『咸池煞』相會，又在帝旺之位，會因婦女桃花官司有訟獄之災。或因妻妾的問題招災。

例如：

庚午
己丑
日主 辛卯
戊子

此命局為日柱犯『陰錯陽差煞』。寅、午、戌年生的人，見卯為『咸池錯差』。有桃花相會，因此多次招桃花官司。

12《陽刃》

陽刃以日柱、時柱中見之為最凶，不吉。必主剋妻，例如丙午或甲午為『貼身陽刃』。若四柱中年、月、時之刃聚於日柱之上，為身型駝背彎曲之人。或有刑獄之災之人。女命陽刃重的，主夭傷和自縊、投河、死不得所。縱然有天德、月德在干支之上，也會有血光之災。

陽刃宜男不宜女。男有陽刃，不怒而威，必須有旺氣而主貴，主權威。

例如：

丙寅
甲午
日主 丁亥
庚午

此命局為女命。寅年生的人見亥為天德。在月柱、時柱有午為陽刃。雖有天德來救，亦有血光之災。

13.《疊逢華蓋煞》

凡是戌年生的人，四柱中見『戌』字。丑年生的人，四柱中見『丑』字。辰年生的人，四柱上見『辰』字。由其是這些重複多見的字在時支上，稱做『疊逢華蓋煞』。不論男女，凡有此命格的人，喜離群索居，孤獨寂寞。

華蓋若自墓和相生，可享清閒之福。若不能自墓，如『庚辰』之類。庚辰納音金，辰為水墓不是金墓，因此不算自墓。或又是上干下支不相生的，只會是鄉野粗藝之人。華蓋逢墓庫，主享福壽，但六親相剋，在日柱上主剋妻，與妻不和。在時柱上，主剋子，與子不和。

例如：

甲戌
甲戌
日主 己未
甲戌

在此命局中，甲戌三重多見。甲戌納音火，見戌為自墓。時上又見戌，為墓庫逢華蓋。福壽難高，但與父母、妻子、兒女多剋害。

第十章

上冊結論

每一個人不管命好、命壞都會有一個『用神』。命格好的人，用神更可促其發貴發富。命格有欠缺的、太過的，用神會中和、抑制命格的缺陷，使人趨吉避凶。

如何創造事業運

人生中有千百條的道路，
但只有一條，是最最適合你的，
也無風浪，也無坎坷，可以順暢行走的道路
那就是事業運！
有些人一開始就找對了門徑，
因此很早、很年輕的便達到了目的地，
成為事業成功的菁英份子。
有些人卻一直在茫然中摸索，進進退退，虛度了光陰。
屬於每個人的人生道路不一樣，屬於每個人的事業運也不一樣
要如何判斷自己是否走對了路？
一生的志業是否可以達成？
地位和財富能否得到？在何時可得到？
每個人一生的成就，在紫微命盤中都有顯示，
法雲居士以紫微命理的方式，幫助你檢驗人生，
找出順暢的路途，完成創造事業運的偉大工程！

第十章　上冊結論

在許多朋友看到這一部三冊的『如何選取喜用神』時，會很驚訝的發現：『我只是要找一個喜用神嘛！為何竟然有這麼多的資料要看，要學？』

疏不知尋找用神，就是中國自古代以來，長期所使用的論命方法中最重要的一環。『三命通會』裡說：『凡命先論五行。後論祿馬。五行要生旺。祿馬怕衰絕。』這就是歷代以來，從無改變的論命要訣。從我們開始以生辰八字來算命，第一個工作就是以日主為主，看其出生時氣候的變化，這個氣候的變化就指的是生月。由生月來決定日主的旺弱。

在日主的旺弱決定之後，再查看四柱中所能幫助日主生旺的條件或者是使日主衰剋的條件。以這些旺衰的條件定出格局。同時也以這些旺衰的條件和格局定出喜用神。

喜用神的定出，不但決定了整個命局格局的形式，也同樣決定了官

如何選取喜用神

貴、貧賤、政商、士庶的等級問題。同時人一生的成就、弱敗、聰明、愚魯也同時展現了。

論命的最後一個階段是論神煞、驛馬沖動。論驛馬是吉是凶，又要以用神來決定了。用神是木火類的，就以寅、巳為良馬、祿馬。用神為金水的，就以申、亥為良馬、祿馬。倘若命格主貴為貴格的人，祿馬沖動時就會升官得官。倘若命格主富的人，祿馬沖動時，就會有生意上門，而得財。這些都是以生辰時間所代表的這八個字所衍生出的學問，已應用數千年之久，得到無數的徵驗而為可行的命理方式。

因此，我們可以知道，單單只尋找一個『喜用神』，實在只是一個開端而已，而這個開端便已經影響我們很深很遠了。我們尋找屬於自己的磁場，就須要以喜用神來確定。我們尋找利於自己求財賺錢的方位、方向，也須要依賴喜用神來決定。我們在生活中尋找利於自己舒適生活的條件，住宅的門向、睡覺時頭與腳的朝向，辦公桌、書桌的朝向，尋找工作、發財機會的方向、方位，都是得依賴喜用神的指示，得以清楚的標示出來。因此，我們也可發現，許多學問也是由喜用神所衍生出來

如何選取喜用神

的，例如風水巒頭二十四山的朝向，直接和人的用神有關聯。在陽宅風水裡，前面所講的磁場及財方、吉方的方位也是由用神而出的。正確的說，人一生的生、老、病、死，完全都由喜用神來決定。因此你學了再多的命理知識，都抵不過一個由生辰八字裡的八個字所藏有的玄機來的重要和厲害。

這個命理玄機—喜用神，也就是整個命理學問的精神和精髓，是故，你此刻也再不會後悔由這部書中重多的資料裡，來小心的求證自己迫切所需要的喜用神了吧！

這部書分為上、中、下三冊。上冊是學習選用喜用神的方法。中冊、下冊都是舉例說明。中冊是日主甲木、乙木、丙火、丁火、戊土等的命局舉例。下冊是日主己土、庚金、辛金、壬水、癸水等的命格舉例。每一個月份、每一個日主（日干），全都有說明解釋。並且在每一個月份中都先說明，當月該日主所特別需要的五行條件（金、木、水、火、土之類）。倘若在這個命局中，擁有極佳的條件，什麼樣是主貴的條件，什麼樣是主富的條件，一一都說得很清楚。當命局中欠缺好條件時，什

如何選取喜用神

麼又是可代替的條件，又會產生什麼樣的結果，在書中寫得也很明白。

每一個人的命理格局，不論命好，命壞，縱然是無法形成格局，但都不會找不出喜用神出來。也就是說：凡是人一出生，有了八字時間，便一定有一個『用神』。有的人，喜神會有很多個，但真正的用神只有一個，這個用神在命理格局好的人，可使其主貴、主富。在命理格局有破損不佳狀況時，用神也可救其命和運，反敗為勝，渡過難關，引渡生死。

知道自己的用神之後，你便不會沒頭沒腦的，沒有預警的一腳踏入屬於死門的忌方方位。也不會明知故犯的在忌方、凶方忍受困頓貧窮。相反的，你會更愛惜自己的生命、財產、名譽與成就，並且創造出比以前更輝煌的成績出來。同時也享受了舒適的生活，平和安詳的心境。

因此，我用這一部『如何選取喜用神』做為對讀者的獻禮，預祝大家功成名就，天天歡喜，日日平安。接下來請繼續研討中冊、下冊中，我為你所製做的每一種日主（日干）生在每一個節令月份中的舉例說明。

請繼續觀看中冊、下冊

中冊：日主甲木、乙木、丙火、丁火、戊土，生於十二個月中，每一種日主所需要的喜用神舉例示範。

下冊：日主己土、庚金、辛金、壬水、癸水，生於十二個月中，每一種日主所需要的喜用神舉例示範。

用顏色改變運氣

法雲居士⊙著

顏色中含有運氣，運氣中也帶有顏色！
中國有自己一套富有哲理系統的用色方法和色彩學。
更可以利用顏色來改變磁場的能量，使之變化
來達成改變運氣的方法。
這套方法就是五行之色的運用法。

現今我們對這一套學問感到高深莫測，
但實則已存在我們人類四周有數千年
歷史了。

法雲居士以歷來論命的經驗和實例，
為你介紹用顏色改變運氣的方法和效力，
讓你輕輕鬆鬆的為自己增加運氣和改運。

如何尋找磁場相合的人

法雲居士⊙著

每個人一出世，便擁有了自己的磁場。
好的磁場就是孕育成功人士、領導人、有
能力的人能造福人群的人的孕育搖籃。同
時也是享福、享富貴的天然樂園。壞的磁
場就是多遇傷災、破耗、人生困境、貧
窮、死亡以及災難無法躲過的磁場環境。
人為什麼有災難、不順利、貧窮、或遭遇
惡徒侵害不能善終的死亡？
這完全都是磁場的問題。

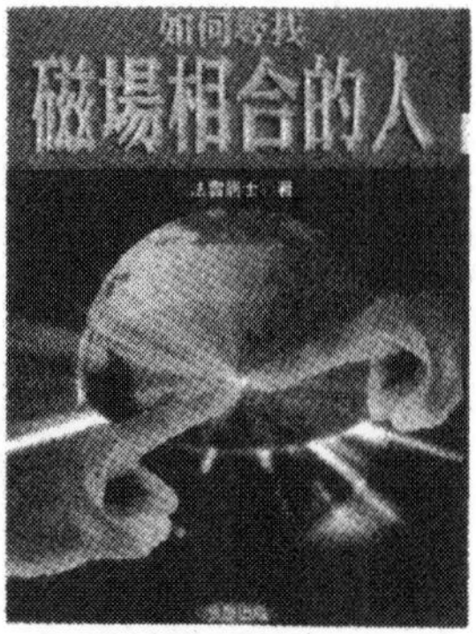

法雲居士用紫微命理的方式，讓你認清自
己周圍的磁場環境，也幫你找到能協助
你、輔助你脫離困境、及通往成功之路的
磁場相合的人。
讓你建立一個能享受福財與安樂的快樂天堂。

移民、投資方位學

法雲居士⊙著

這本『移民·投資方位學』是順應現代世界移民潮流而精心研究所推出的一本書，

每個人都有自己專屬的生命磁場的方位，才能生活、生存的愉快順利，也才會容易獲得財富。搞不清自己生命磁場方位而誤入忌方的人，甚至會遭受劫殺。至少也會賺不到錢而窮困。

法雲居士利用紫微命理的方式向你解釋為什麼有些人會在移民或向外投資上發展成功，為什麼某些人會失敗、困頓，怎麼樣才能找對自己的正確方向，使你在移民、對外投資上，才不會去走冤枉路、花冤枉錢。

紫微談判學

法雲居士⊙著

現今工商業社會中，談判、協商是議事的主流。
每一個人一輩子都會經歷無數的談判和協商。
談判是一種競爭！也是一種營謀！
更是一種雙方對手的人性基因在宇宙中相遇激盪的火花。
『紫微談判學』就是這種帶動人生好運、集管理時間、組合空間、營謀智慧、人緣、創造新企機。
屬於『天時、地利、人和』成功法則的新的計算、統計、歸納的學問。

法雲居士用紫微命理教你計算、掌握時間的精密度，繼而達到反敗為勝以及永遠站在勝利高峰的成功法則。

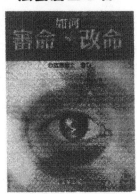

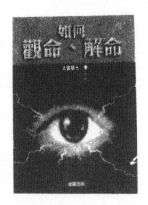

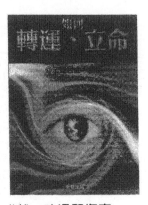

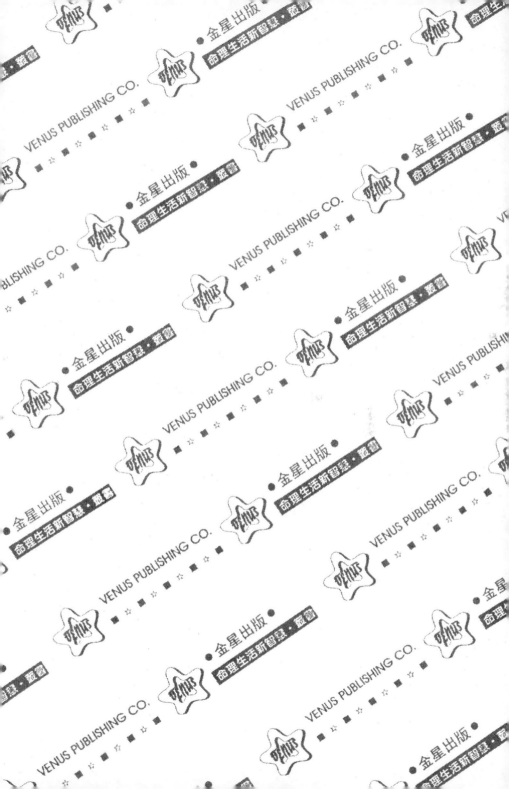